불안에서 평안으로

걱정에서
벗어나는 순간

불안에서 평안으로

송준기

규장

하나님을 믿는데
왜 평안이 없을까?

쭈가 강했던 이유

한때 개를 키웠다. 시츄(Shih Tzu) 종이었는데, 이름이 '쭈'였다. 쭈는 약했다. 짧은 발로 조금만 걸어도 쉽게 지쳤다. 병도 자주 걸렸다. 특히 피부가 약했다. 지각 능력도 많이 떨어졌다. 시각과 청각뿐만 아니라 후각도 나빴다. 그런데 강했다. 나는 그 녀석의 불안이나 슬픔을 본 적이 없다.

쭈는 나만 보면 엉덩이를 좌우로 움직였다. 엄청난 속도였다. 과장을 조금 보태면, 벌의 날갯짓에 맞먹었다.

쭈는 엄청 잘 잤다. 고양이처럼 계속 잤는데 매번 숙면이었다. 드르렁드르렁 코도 골았다. 때론 시끄러워서 누군가 쭈를 깨워야 했다.

쭈는 늘 기쁘고 평안했다. 눈이 오나, 비가 오나, 배가 고프나, 아플 때조차 아무 근심이 없었다. 평안했다. 그런 쭈 앞에서 나는 으쓱했다. 스스로 자랑스러웠다.

'이렇게 개~평안하다니! 아마도 내가 주인 역할을 개~잘하고 있나 보다!'

그런 생각을 하면서 나도 기뻤다. 내 엉덩이도 흔들렸다. 콧노래도 나왔다. 목사라 대부분 찬양이었다. 찬양하다 보면 찬양받으시는 하나님이 떠올랐다. 그리고 생각했다.

'나는 하나님 앞에서 얼마나 평안할까?'

나는 개보다 기쁠까?

그러자 먹먹했다. 나는 쭈만큼 평안하지 않았다. 다만 예수님을 믿을 때 안전하며 평안하다는 사실을 머리로는 알고 있었다. 예를 들면, 다음 구절을 암기하고 있었다.

너희는 마음에 근심하지 말라 하나님을 믿으니 또 나를 믿으라
요 14:1

그러나 지적 동의가 곧 내 존재의 상태는 아니었다. 나는 쭈만큼 평안하지 않았다. 무엇을 먹을까, 무엇을 마실까 염려했

다. 교회의 크고 작은 문제뿐 아니라 잠정적 문제까지 걱정하느라 밤잠을 설쳤다. 인생의 결핍을 발견할 때면 불안을 느꼈고, 악인이 잘되는 걸 볼 때도 평안이 사라졌다.

내게는 한낱 죄인 인간을 주인으로 둔 짐승 수준의 평안조차 없는 것 같았다.

전염병의 시대를 겪으며

집에서 키우는 개조차도 인간 주인 때문에 항상 평안하다면, 하물며 창조주를 주인 삼은 크리스천은 어때야 할까? 개보다는 평안해야 하지 않을까? 예를 들어, 엉덩이에 꼬리가 있다면 하나님 앞에서 항상 흔들며 살 수 있지 않을까?

하나님이 그의 주인이시다(마 6:24). 물론 그분 앞에 사람이 애완동물이라는 뜻은 아니다. 그보다 훨씬 더 탁월한 관계다(요 1:12, 고후 11:2, 눅 12:4). 크리스천은 창조주를 주인이자 아버지로 모시고 사는 사람이다.

크리스천, 곧 예수님을 믿고 따르는 사람의 인생은 걱정이 불필요하다. 적어도 이론적으로는 틀림없다. 창조주의 사랑과 관심을 한몸에 받고 있으니까(요일 4:9,10).

세상 어떤 문제도 하나님보다 작다. 그분께는 세상 어느 것도 이기실 수 있는 능력이 있다(요 16:33). 그러니 크리스천은 근심 걱정이 필요 없는 상태에 놓여있다. 심지어 죽어도 사는 존재다(요 11:25). 안심하며 무한히 기뻐할 일만 남은 인생이다.

그럼에도 대부분은 별로 기뻐하지 못하며 산다. 목회 현장을 둘러보면 불안해하는 사람투성이다. 특히 시대적 변화를 경험했던 팬데믹 기간에 불안은 더 커졌다. 많은 사람의 마음이 쇠약해졌다.

건강보험심사평가원에서 발표한 '최근 5년(2017-2021년) 우울증과 불안장애 진료현황 분석' 통계에 따르면 지난 5년 동안 우울증 환자는 약 35퍼센트, 불안장애 환자는 약 32퍼센트 증가했다고 한다. 이십 대의 경우, 코로나 이전과 비교하면 우울증 환자가 127.1퍼센트나 늘어 육십 대 환자를 제치고 가장 많은 비중을 차지했다. 이제 우울과 불안은 이십 대에게 흔한 질병이 되었다.

대처할 수 없는 변화 앞에서 청년은 먹고살 길이 보이지 않고, 중년은 노후 준비가 어려워졌으며, 노년은 남은 인생이 두려워졌다. 평안이 없는 시대다.

평안이 없는 신앙인들

목회 현장은 정말 암울하다. 가뜩이나 문제 많은 인생이 어려운 시대까지 만났다. 내가 아는 대부분의 크리스천이 평안

없이 산다. 창조주 하나님을 주인 삼고 사는 사람 같아 보이는 경우가 드물다. 크리스천임에도 나이가 많든 적든 평안이 없다. 최근 만난 몇 명만 이야기해볼까 한다.

한 명은 어린이였다. 초등학교 6학년 겨울방학을 맞이해 줌(zoom) 예배 시간에 기도제목과 걱정을 털어놓았다. 그는 중학교 입학이 두렵다고 했다. 초등학교 때도 숙제가 많았는데 이제 더 많아지면 어떻게 해야 할지 모르겠다고 했다.

또 한 사람은 팔십 대 중반의 권사님이었다. 그는 지난 십 년간 치매에 걸릴까 봐 매일 근심하며 지냈다. 한번은 산책 나서는 길에 발목을 삐어서 병원에 다녀왔다는 소식을 전해 들었다. 심방 차 전화했더니 아니나 다를까 발을 헛디딘 게 혹시 치매 때문은 아닌지 불안하다며 우울해했다.

또 다른 사람은 중년의 집사님이었는데 그도 크게 다르지 않았다. 대기업의 중역이지만 매일 돈 염려에 휩싸여 있었다. 대학생인 두 딸의 학비와 결혼 자금이 걱정이었다. 직장에서 명예퇴직을 권고받자 노후 자금도 염려했다. 그리고 병든 노모를 모시는 비용을 계산하며 울상을 지었다.

마지막 사람은 이십 대 후반의 자매였다. 얼마 전까지 결혼을 인도해달라고 열정적으로 기도하던 그녀에게 참한 형제가 사귀자고 연락해왔다. 거기서 염려가 시작되었다. 형제는 신앙적으로나 세상적으로나 자신보다 뛰어나 보였다. 막상 연애가

시작되자 그녀는 형제가 자신에게 실망해서 결혼까지 진행이
안 되면 어쩌나 하는 근심에 빠졌다.

흥미로운 점은 넷 다 교회에서 칭찬과 존경을 받는 신앙인
들이라는 사실이다.

왜 평안이 없을까?

평안을 앗아가는 생각은 수없이 많다.

'혹시라도 갑작스런 질병의 발견으로 병원비가 왕창 필요하
면 어쩌지?'

'돌연 큰 사고가 나서 처리하느라 감당치 못할 청구서라도
받는다면?'

그뿐만이 아니다. 불확실한 미래에 대한 생각도 평안을 앗
아간다.

'어제 습득한 것들이 오늘 아무짝에도 쓸모없어지면 어쩌지?'

'새로 등장하는 기술들 앞에 원시인 같은 나는 어쩌지?'

'120세 시대가 되었다고 하는데 내 몸은 60세도 못 넘길 것
처럼 골골대니 어쩌지?'

예수님을 모르고 창조주 하나님의 자녀가 아닌 사람에게 이
런 근심이 있다면 이해가 간다. 그러나 신앙인에게도 평안이
없다면, 그 이유는 뭘까? 왜 그런 것일까?

믿음이 평안을 가져다준다

잠시 염려에 대해 생각해보자. 예수님은 염려를 믿음과 연결시키셨다.

> 오늘 있다가 내일 아궁이에 던져지는 들풀도 하나님이 이렇게 입히시거든 하물며 너희일까 보냐 믿음이 작은 자들아 마 6:30

염려와 믿음은 반비례한다. 큰 염려는 믿음 없음을 뜻하고, 큰 믿음은 염려 없음을 보인다. 겉으로 인식되는 염려가 곧 그의 믿음의 수준을 보여주는 셈이다.

염려의 원인 중 하나는 '결핍'이다. 예수님이 말씀하셨던 "무엇을 먹을까 무엇을 마실까"라는 염려는 결핍에 대한 것이었다 (마 6:25). 결핍을 염려가 아닌 평안으로 바꾸시는 하나님을 시편에서는 이렇게 노래했다.

> 여호와는 나의 목자시니 내게 부족함이 없으리로다 시 23:1

하나님의 인도하심을 믿으며 받아들이는 사람에게는 결핍이 염려의 원인으로 작동하지 않는다. 결핍을 포함한 모든 환경적 문제를 뛰어넘어 하나님을 바라보는 믿음이 있을 때 평안이 임한다. 염려 반대편에 평안이 있다. 그리고 염려와 평안의 크기는 믿음의 수준에 따라 달라진다. 믿음이 커지면 평안도 커지고, 믿음이 작아지면 염려가 커진다.

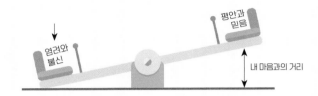

평안이 없는가? 염려와 불안이 있는가? 어떤 문제로 밤잠을 설치고 있는가? 예수님에게 충분히 집중할 수 없는 어떤 어두움에 사로잡혀 있는가?

남다른 평안이 있는가?

불안의 시대일수록 더욱 하늘 평안을 누리는 사람으로 나타나야 한다. 가뭄의 시대에는 물이 능력이듯, 지금은 평안이 능력이다.

평안이 없는 상태는 다수결처럼 받아들여서 될 일이 아니다. 크리스천은 부르심을 받은 구별된 존재다(엡 4:4). 평안 없음을 싫어하며 변화되어야 한다. 남과 같아질 때가 아니다.

크리스천은 평안이 주어진 존재다. 평안치 않은 상황일지라도 염려하지 마라. 함께 하나님을 바라보자. 성경에는 모든 문제의 답이 있으니 더욱 평안하자.

평안이 없는 인생에 대해서도 성경은 분명하게 답을 주고 있다. 그러니 성경을 펼쳐 들어보자.

책을 열며 드리는 기도

하나님은 당신이 근심하는 것을 원하지 않으신다. 세상이 줄 수 없는 평강을 합법적으로 주신 주님은 당신에게도 이렇게 명령하셨다.

> 평안을 너희에게 끼치노니 곧 나의 평안을 너희에게 주노라 내가 너희에게 주는 것은 세상이 주는 것과 같지 아니하니라 너희는 마음에 근심하지도 말고 두려워하지도 말라 요 14:27

내가 이 책을 통해 나누고 싶은 이야기는 성경에 기록된 '샬롬'에 관한 것이다. 이것은 죄와 어둠의 세력이 매우 싫어하는 내용이다. 그들의 별명은 속이는 자다(요 8:44).

그들은 믿는 자들이 능력 있게 살지 못하도록 속이는 일에 사력을 다한다. 그러나 그리스도의 사람들은 불안의 시대에도 평안의 출처로 기능하는 존재다.

이 시간 함께 기도하자. 평안을 구하며 책장을 넘겨보자.

평안을 주시는 주님, 제게 큰 믿음을 주소서.

삶의 현장에서 모든 문제를 이기시는

예수 권세를 맛보게 하소서.

제 마음을 다스려주시고, 눈과 귀를 사로잡아 주소서.

예수께 온전히 집중하게 도와주소서.

시대와 환경을 뛰어넘어 저도 성품의 열매뿐 아니라,

제자 됨의 열매를 맺게 해주소서.

제게 불안과 두려움의 원인이 되는

회개치 않은 죄가 있다면,

발견하게 하시고 회개케 해주소서.

이 책을 성경과 함께 읽어나가는 동안

예수님을 통해 이뤄진 천국 평안을

제 심령 가운데 고스란히 받아들여 누리도록 하옵소서.

예수님의 이름으로 기도합니다, 아멘.

Contents

프롤로그

01
평안을 앗아가는 마음

02
평안을 요청하는 인생

03
우리가 샬롬할 수 있는 이유

에필로그

불안에서 평안으로

평안을 앗아가는 마음

제가
잘 지낼 리
없잖아요!
: 염려

첫 경험

새벽 두 시가 넘어가고 있었다. 숨이 잘 안 쉬어졌다. 고막에 문제가 생겼는지 내 심장 소리가 들리는 것만 같았다. 그런 경험은 처음이었다. 자야 하는데 잘 수가 없었다. 밖은 어둡고 몸은 피곤한데 잠이 오지 않았다.

시간이 갈수록 귀가 더 이상했다. 벽걸이 시계 초침 소리는 몰아치는 천둥 같고, 창밖으로 들려오는 뒷산 소쩍새 울음은 꼭 휴대폰 알람음 같았다.

그날 나는 밤을 꼬박 새웠다. 전에 없던 일이었다.

불안해서 지새운 밤

잠들려고 노력했다. 토요일 밤이어서 더욱 애썼다. 주일에는 주요 일정이 줄 서있기에. 새벽기도 모임과 회의, 주일 설교와 외부 집회 설교, 제자반과 기도모임 인도, 식사 모임… 이를 다 소화하려면 푹 자야 했다. 꼭 자야 했다. 그동안 쌓인 피로를 풀어야 했다.

그런데 잘 수가 없었다. 자려고 할수록 잠이 달아났다. 눈은 감고 있었지만, 정신은 더욱 또렷해졌다.

여름 내내 전국으로 설교하러 다녔고, 커피숍 장사를 했으며, 교회 개척 학교도 운영했고, 책도 쓰고 있었으며, 무엇보다 교회 개척을 위한 주일예배 사역을 야심차게(?) 진행 중이었다. 누적된 피로가 몸에 배어있었다. 그런데도 잠이 안 왔다. 이상했다.

'원래 나는 잘 자는 사람인데 왜 이러지? 내게 무슨 일이 일어나고 있는 거지?'

짜증

세 시간쯤 뒤척이다 짜증이 났다. 이불킥 하며 일어나서 소리쳤다. 기도가 절로 나왔다.

"주여! 저 자야 합니다! 내일은 정말 중요한 날이라고요! 잠들게 좀 도와주세요!"

그럴수록 잠이 깼다. 내 목소리는 더 커졌다.

"주여! 아버지! 저 지금 불안합니다! 잠이 안 옵니다! 이게 어떻게 된 일입니까?!"

기도는 짜증 섞인 호소가 되어갔다.

"주여! 저를 도우소서! 내일은 주일 설교를 하는 날입니다! 저 정말 잘해야 하거든요?! 그러니 잠들게 제발 좀 도우소서!"

설교를 잘하게 해달라는 것도, 말씀 전할 때 성령의 감화 감동을 달라는 것도 아니었다. 지금 자야 일을 잘할 테니 잠들게 해달라는, 나 중심의 호소였다. 불신앙이기도 했다.

그렇게 기도 아닌 기도를 하며 뜬눈으로 밤을 새웠다.

눈물

다음 날 일정은 엉망이 되었다. 밤을 새운 나는 외모부터 병자였다. 없던 쌍꺼풀과 팔자주름이 생겼고, 피부는 푸석푸석, 눈빛에는 생기가 없었다. 만나는 사람마다 걱정스런 표정으로 내 안부를 물을 정도였다. 생명의 말씀을 전하며 영혼 돌봄의 사역을 해야 하는 사람이 어두운 아우라를 뿜어대며 시체처럼 강대상 위와 모임 장소를 오갔다.

그날 밤, 다시 침대에 누웠다. 엉망인 하루가 머릿속에 스쳐 지나갔다. 눈물이 났다. 잘하고 싶었는데, 잘해야 했는데, 마음대로 되지 않아 화도 나고 억울했다. 무엇보다 그런 내 상태가 이해되지 않았다. 원인을 알고 싶었다.

'내게 무슨 일이 생긴 걸까?'

안부

다음 날이 밝았다. 월요일 아침 일찍부터 중요한 약속이 있었다. 친한 후배와 오 년 만에 만나는 자리였다.

그동안 선교지에 있어서 얼굴을 볼 수 없었던 후배는 코로나 팬데믹 상황에서 사역 재정비와 행정 처리를 위해 한 달간 한국을 방문했다.

시간이 되어 그와 마주 앉았다. 그렇게도 보고 싶었던, 존경하는 선교사님이었다. 그러나 나는 반갑거나 기쁘지 않았다. 이상한 일이었다. 그가 나와 달리 잘 지내는 것 같아서였을까?

잠시 후 그가 시작할 이야기는 뻔했다. 그동안의 사역 보고, 선교지에서 받은 은혜, 하나님이 주신 귀한 제자 열매들… 예측되는 소식을 듣기 싫었다. 몸도 마음도 피곤한 나는, 김 빠진 사이다처럼 맨숭맨숭 앉아 시작도 전에 끝나기를 기다렸다. 그런 내 속을 아는지 모르는지 후배가 먼저 입을 열었다.

"송 목사님, 잘 지내시죠?"

그 다정한 인사말에 울고 싶었다. 난 속으로 외쳤다.

'내가 잘 지낼 리 없잖아!?'

물론 겉으로는 전혀 다른 말을 뱉었다.

"네, 잘 지내죠."

잔잔한 미소도 잊지 않았다. 이제는 내가 선교사님의 안부를 물을 차례였다.

"선교사님은요?"

물으면서도 나는 뒤이어 나올 그의 답이 듣고 싶지 않았다. 그는 나와 달리 정말 존경스러운 사역자라고 생각하고 있었기 때문이다. 지난 오 년간 그는 분명 밝고, 맑고, 눈부시고, 향기롭고, 능력 있고, 지혜롭게 잘 지냈을 것이다. 나는 힘들었지만, 그는 선교지에서 승승장구했을 거다.

이런 생각을 하며 대답을 기다리는데 그의 표정이 조금 어두워졌다. 입술을 달싹이며 머뭇거렸다. 그는 몇 초 후 힘겹게 말을 이었다.

"송 목사님… 저 너무 힘들어요."

나만 그런 게 아니라고!?

뒤이은 그의 이야기는 예상을 뒤집었다. 우리가 못 보는 사이 자신이 어떤 실패를 겪었는지 구구절절 늘어놓기 시작했다. 현장 사역이 얼마나 고달프고 어려웠는지 자세히 설명했다.

그가 새롭게 얻은 마음의 병과 몸의 질환, 부부관계의 어려

움과 자녀 양육 문제들, 그리고 동역자 간의 갈등과 후원교회
와의 문제까지… 다 듣고 나니 두 시간이 지나있었다.

의외였다. 그동안 멀리서 전해 들은 소식과 정반대의 이야
기뿐이었다. 물론 내가 들어온 긍정적인 이야기도 사실이었고,
이날 들은 두 시간짜리 어두운 이야기도 거짓이 아니었다. 다
만 그는 아무에게도 자신의 문제를 나눌 수 없었을 뿐이었다.

이야기를 듣는 내내 놀라웠다. 전에는 상상조차 할 수 없던
어두운 속사정이었다. 오 년 만에 한국을 방문한 이유도 겉으
로 드러난 것과 다른 문제가 있었다. 어느 것 하나 사람이 풀
수 있는 문제가 아니었다.

그동안 그의 사역은 지경이 넓어졌다. 동시에 문제도 많아
졌다. 그의 이야기는 아프고, 어렵고, 슬프고, 어두웠다. 그런
데 모두 내 이야기 같았다. 그래서 위로가 되었다. 나는 그의
이야기를 통해 평온하고, 가볍고, 기쁘고, 밝아졌다. 가슴을
짓누르던 돌 같은 게 사라진 것만 같았다. 그의 어두운 이야기
는 따뜻했다.

위로는 나만 받은 게 아니었다. 대화를 이어가며 우리는 서
로 위로받았다. 각자가 혼자가 아니라는 사실을 알았다. 그
게 그렇게 좋았다.

선교사님이 말하는 동안 나는 듣기만 했다. 할 말이 없었다. 사실 내 코가 석 자였다. 문제마다 내 이야기 같아서 중간중간 함께 오열했다. 진심으로 함께 아팠고 동질감이 느껴졌다.

선교사님이 처음 내 안부를 물었을 때, 나는 거짓으로 잘 지낸다고 답했다. 그런데 나중에 들어보니 선교사님도 그 말이 듣기 싫었다고 했다.

'역시 송 목사님은 잘 지내시는구나. 나만 힘들구나. 내게 무슨 문제가 생긴 걸까….'

대화가 길어졌다. 함께 흘린 눈물을 닦느라 냅킨 한 통을 다 쓴 무렵, 우리는 배가 고팠다. 라면을 끓였다. 선교사님은 찬밥이 있는지 물었고 나는 찬밥 대신 참치 캔을 꺼냈다. 라면에 계란을 넣을지 말지 티격태격하다가 가위바위보로 결정한 후 식탁에 앉았다.

내가 말했다.

"고마워."

입안 가득 음식을 밀어 넣고 선교사님이 말했다.

"뭐가요?"

나는 그의 접시에 계란을 옮겨 담으며 답했다.

"나만 그런 줄 알았거든…."

"네?"

뒤이어 내 이야기가 시작되었다. 불안 가운데 밤샌 이야기와 기도 같지 않은 기도를 늘어놓은 이야기도 했다. 사역이 성장하고 일이 많아지고 영향력이 커지면서 겪는 어려움과 한숨을 전했다.

선교사님은 놀라워했다. 그 역시 멀리서 내 소식을 들으며 나를 과대평가하고 있었다. 우리는 서로를 완벽한(?) 사역자로 생각해온 것이다. 그러나 오 년 만에 만난 자리에서 '나만 어려운 게 아니었구나'를 알았고, 기뻤다. 그날 우리는 라면 다섯 개와 참치 캔 두 개, 계란 세 개를 먹어 치웠다.

은혜의 그림자

빈 그릇들을 펼쳐놓고 서로를 위해 기도했다. 많이 울었다. 함께 아프다는 사실을 안다는 건 대단한 힘이 있었다. 내가 넌지 네가 난지 모를 정도의 공감대를 이뤘다.

지난밤 밤샘 불안의 원인이 분명히 보이기 시작했다. 나는 하나님이 맡겨주신 모든 일에 최선을 다했다. 그 와중에 교인들에게 존경받는 교회 창립의 주역이 되었다. '한국형 선교적 교회'를 일군 사람이라는 칭찬도 받았고, 매일 하나님이 일하시는 현장을 지켜보는 특권도 누렸다. 수많은 동역자도 얻었다. 생사고락을 함께하며, 서로 죽고 못 사는 영적 식구를 도처에서 얻었다. 나는 얻은 게 많았다.

그러나 이면에 그림자도 있었다. 얻은 것들을 다시 하나님께 드리지 않았을 때 생긴 어두움이었다. 은혜로 얻은 것들이 다 내가 잘해서 얻어낸 것처럼 보였다. 그래서 나는 잃을 것이 많은 사람이 되었다. 불안이 거기서 왔음을 깨달았다.

사실 돌아보면 한 번도 평안을 놓친 적이 없었다. 재산의 많고 적음, 나이, 외모, 학위 개수… 어떤 것도 내게 불안의 원인이 되지 못했다. 예수님에게 집중하고 있는 한 내겐 모자람이 없었다.

그러나 잘되고 있는 사역, 하나님이 주신 은혜의 결과물에는 그림자가 있었다. 우선 내가 인간적인 시각으로 집중했다. 혹시라도 뭔가 잘 안될까 봐 두려워하는 교만한 마음을 품었다. 하나님이 하시는 일이 아니라 내가 하는 일이라는 생각이 들 때가 교만을 품는 순간이었다.

그러던 어느 날, 설교를 잘 해내고 싶은 욕심도 들어왔다. 그것은 거룩한 욕심이 아닌 사사로운 정욕이었다. 하나님이 잘되게 하신 것을, 이제는 내 힘으로 유지해보고 싶은 마음에서 나온 그림자였다.

또한 사역이 잘될수록 더 많은 사람과 관계가 생겼다. 그들 중 문제없는 사람은 없었고, 나는 선한 목자 예수께 그들을 온전히 이끌어야 했다. 그런데 신앙에서 미끄러지는 사람들이 늘

어날수록 나는 그들에 대한 책임감에 몸서리쳤다.

한 사람도 잃고 싶지 않은데, 이를 위해 더 기도하기보다는 더 일했다. 기도할 시간까지 다 빼앗아서 내 힘이 소진되기까지 일하다가 다 타버린 심지같이 되어버렸다.

선교사님의 이야기를 듣는 동안 내 모습이 객관화되었다. 제삼자의 눈으로 그에게 투영된 내 모습을 보았다. 회개가 시작되었다. 라면 그릇을 사이에 두고 나는 깨달은 것을 선교사님에게 말했다. 그도 비슷한 깨달음을 나누었다.

그때 두 사람의 마음에서 그림자가 사라졌다. 우리는 서로에게 보냄 받은 하나님의 사자였다. 마음의 짐을 벗도록 돕는 천사였고 복음 전파자였다.

우리는 더욱 가까워졌고, 주 안에서 서로를 깊이 사랑하는 동역자가 되었다. 서로의 그림자를 보며 우리의 마음은 함께 힘을 얻었다.

철이 철을 날카롭게 하는 것같이 사람이 그의 친구의 얼굴을 빛나게 하느니라 잠 27:17

심약자 사도 바울

선교사님도 나도 마음의 그림자를 사람들과 쉽게 나눌 수 없었다. 여러 이유가 있었지만 그중 하나는 책임감 때문이었다. 리더가 겪는 어려움은 리더 혼자 감내해야 한다는 생각도 일종의 책임감이었다. 하지만 성경을 보면 우리의 생각은 틀렸다. 진정한 책임감은 자기 문제를 홀로 해결하는 게 아니었다.

교회가 그리스도의 것이라는 믿음을 가진 리더라면 어떤 책임감도 그리스도께 맡기기를 교회와 함께 맡길 줄 알아야 했다. 성경은 이 일에도 모범을 보여주었다.

사도 바울이 그중 하나다. 그는 고린도 교회 개척자였고 리더십이었다. 고린도 교회의 문제들 앞에서 그가 했던 일 중 하나는 다음과 같이 속내를 적어 보내는 것이었다.

> 내가 너희 가운데 거할 때에 약하고 두려워하고 심히 떨었노라
> 고전 2:3

바울은 누구보다도 강하고 담대했다(고후 4:7-11). 그는 복음 때문에 옥에 갇히기도 더 많이 했고, 매도 수없이 맞았고, 여러 번 죽을 뻔했다(고후 11:23-30). 그럼에도 "약하고 두려워하고 심히 떨었노라"라고 말하고 있다. 사도 중의 사도, 담대한 바울을 이리 심약한 상태로 만든 건 무엇이었을까?

바울의 문제들

사도행전에서 바울의 교회 개척 이야기를 살펴보면 그는 결코 약하지 않았다. 죽음이나 고문, 혹은 질병이나 다른 거친 환경도 그를 약하게 만들 수 없었다. 생사를 초월해서 사역했고 신약성경의 절반 이상을 기록한 그였다.

그를 연약하게 만든 건 핍박이 아니었다. 그것은 바로 교회를 향한 염려였다. 그는 당시의 심경을 이렇게 써 보냈다.

이 외의 일은 고사하고 아직도 날마다 내 속에 눌리는 일이 있으니 곧 모든 교회를 위하여 염려하는 것이라 고후 11:28

이 염려를 거슬러 올라가 보면 그의 산적한 문제들이 보인다. 고린도 지역에 들어오기 직전만 해도 그는 적어도 네 가지의 큰 문제를 겪고 있었다.

첫째, 그는 교인들과의 관계가 잘 풀리지(?) 않았다. 일단 바울은 동역자들에게 끊임없이 자신을 변호하고 증명해야 했다. 심지어 자신이 개척한 고린도 교회 교인들에게조차도 말이다(고전 9:1-14). 그도 그럴 것이 바울은 한때 교회를 잔멸하기 위해 교회마다 찾아다니며 교인들을 끌어다가 가두는 일을 했던 인물이기 때문이다(행 8:3).

어쩌면 당시 바울이 사울이었을 때의 핍박을 직간접적으로 경험했던 사람들이 교회마다 생존해 있었을지도 모른다. 성도들의 입장에서는 의심스러웠을 것이다. 얼마 전까지만 해도 교회의 핍박자요 살인자였던 사울이 갑자기 바울이 되어 나타나 교회를 세우고 다닌다니 믿기 힘들 만했다.

이것은 바울에게도 인간적으로 난처하고 난해한 문제였다. 그는 가는 곳곳에서 교회 외부의 핍박뿐 아니라 교회 내부의 의심도 감당하며 사역해야 했다.

둘째, 사역에 대한 그의 신학적 입장이 잘 풀리지(?) 않았다. 고린도에 도착하기 전부터 바울에게는 리더십 사이의 관계 문제가 있었다. 이전에 교회를 핍박하는 일에 앞장섰던 그는 자신이 어떻게, 왜 사도가 되었는지를 끊임없이 설명해야 했다. 그 와중에 유대 지역을 넘어서 이방인 사역에 주력했다.

베드로에게 역사하사 그를 할례자의 사도로 삼으신 이가 또한 내게 역사하사 나를 이방인의 사도로 삼으셨느니라 **갈 2:8**

그는 사람들 앞에서 자신이 '이방인의 사도'라고 떳떳하게 말하고 다녔다. 이것은 오늘날에는 아무 문제가 없는 말이다. 하지만 이때까지만 해도 이방인 사역에 대해 말이 많았다.

특히 유대인 중심의 신약 교회는 이방인에게 복음을 전파하는 일에 있어서 서로 의견이 분분했고, 신학적 정립이 아직 끝나지 않은 상황이었다. 그러나 이때 사도 바울은 성령님이 주신 소명을 따랐고, 이방 지역에 교회들을 세우러 다녔다.

셋째, 그는 동역자와의 관계가 잘 풀리지(?) 않았다. 특히 2차 선교여행에서 핵심 리더십인 바나바와 심히 다투고 결별한 것은 그에게도 큰일이었다.

> 서로 심히 다투어 피차 갈라서니 바나바는 마가를 데리고 배 타고 구브로로 가고 행 15:39

원래 바울과 바나바는 떼려야 뗄 수 없는 관계였다. 그들은 전장의 전우였다. 지난 이 년 동안 매일 함께 지내며 매 맞고, 굶고, 헐벗고, 추위에 떨며 복음을 전했다.

사람은 끼리끼리 만난다고 했던가. 바울만큼이나 바나바도 대단한 인물이었다. 그는 구브로 섬 출신의 유대인이었고, 큰 토지를 소유해서 사람들에게 빌려주는 일을 하던 부자였다. 또한 헌신적이며 성실하고 사랑이 많은 제자로, 온 교회에게 "착한 사람이요 성령과 믿음이 충만한 사람"이라 불리던 안디옥 교회의 핵심 인물이었다(행 11:24).

그는 이방인 선교 개척 팀의 리더십으로 1차 선교여행을 바울과 함께했던 동역자였으며 바울의 변호인이자 스피커였다. 그랬던 바나바와 바울이 결별했다.

원인은 2차 선교여행 팀에 1차 때 중도 포기한 마가 요한의 동참을 두고 의견 차이가 발생했기 때문이었다. 바나바는 마가 요한을 데려가자고 했지만 바울은 반대했다.

"우리 이번 여행에도 마가 요한을 데려갑시다."

"말도 안 되는 소리요!"

둘은 싸웠다.

"아니, 함께 동고동락하며 영적 열매를 이렇게나 많이 맺었는데, 또 함께 가는 게 당연한 것 아닌가요?"

"아니지요!"

"왜 안 된다는 겁니까?"

"지난번 여행 때 마가 요한이 어땠습니까? 중간에 힘들다고 돌아가 버리지 않았습니까? 그래서 우리 여정이 지체되지 않았습니까? 그새 잊었어요?"

"사람이 중요해요. 좀 지체된 게 뭐 대숩니까?"

"사역도 중요하지요. 하나님이 주신 사명에 최선으로 움직여야 합니다!"

(위 대화는 내가 상상해서 적어본 것이다.)

이런 식으로 대판 싸운 후 둘은 갈라섰다.

이뿐만이 아니다. 마지막으로 바울은 사역이 잘 풀리지(?) 않았다. 이후 그는 하는 일마다 큰 핍박을 당했다.

가는 곳곳에서 적을 만났는데, 한번은 베뢰아에서 복음을 전하는 중에 곤욕스러운 일을 만났다. 불량배를 동원한 유대인들의 공격이었다. 그들은 데살로니가에서부터 추격해온 자들이었다. 바울은 그들의 살해 위협을 피해 아테네로 피신했다.

그러나 아테네에 들어가자마자 온 도시에 우상이 가득한 모습을 보고 크게 분노했다(행 17:16). 분노도 사명이었다. 거룩한 분노를 품은 바울은 아테네에 복음을 전하기 위해 그곳 철학자들과 날마다 논쟁했다. 그러나 제자 열매도 없이 유야무야 그곳을 떠나와야 했다(행 17:33).

이후 고린도에 도착한 바울은 전임사역자가 아닌 생계를 위해 일해야 했다. 천막을 만드는 일이었다(행 18:1-3). 말하자면 선교적 사업가가 되었다. 그리고 안식일에는 회당에서 강론하며 교회 개척에 힘썼다.

고린도 지역에도 교회를 세운 바울은 다시 선교여행에 올라 다음 지역으로 향했다. 그런데 문제가 터지기 시작했다. 어렵게 세운 고린도 교회에서 온통 잿빛 소식만 들려왔다. 교회가 분열되었고 교인들은 서로 누구에게 세례를 받았는지를 놓고 싸웠다. 또한 하나님이 선물로 주신 각종 성령의 은사들을 놓고 누구의 은사가 더 중요한지 비교했다.

도덕적으로도 타락해서 이방 지역보다 더 심각한 성적(性的) 문제가 발생했다. 배려와 사랑, 권위와 순종이 사라졌으며 타락한 교회가 되어갔다.

문제를 전해 들은 사도 바울은 고린도 교회에 편지를 썼다. 그것이 고린도전·후서다. 사도 바울은 자신의 나약한 심적 상태를 이렇게 밝혔다. 다시 한번 읽어보자.

내가 너희 가운데 거할 때에 약하고 두려워하고 심히 떨었노라

고전 2:3

당신은 혼자가 아니다

왜 남의 어려움이 내게 큰 위로가 되는지 모르겠지만, 하여간 나는 좋았다. 위로가 되었다.

나만 문제 많은 게 아니라 후배 선교사님도 문제가 많아서 다행이었다. 게다가 우리만 문제 많은 게 아니라, 사도 중의 사도인 바울도 문제가 많았고, 우리 교회만이 아니라 초대교회들도 어려웠다니 안도했다.

솔직히 "나는 힘든데, 너는 참 잘하고 있구나"라고 말해야 할 상황이었다면 나는 괴로웠을 것이다. 그런데 다행히 "나도 어려운데, 너는 나보다 훨씬 더 어렵구나"라서 좋았다. 특히

그 대상이 신약성경의 반 이상을 기록한 대사도 바울이라니!
위로를 넘어서 감.동.이.다.

　성경은 허구가 아니다. 진리이고 사실이다. 관념이나 철학
이 아닌 살아 숨 쉬며 역사하는 말씀이다. 살아계신 하나님의
호흡이다.

　죄인들의 친구이신 예수님은 지금도 당신과 동행하신다(마
9:10). 위로하신다. 우리와 똑같이 시험을 받으셨고, 우리보
다 먼저 십자가와 부활의 열매가 되신 예수님이 당신과 함께
계신다.

　모든 한숨을 아시고 공포와 불안을 이해하시는 주께서 지
금 이 책을 읽는 당신 곁에서 위로하신다. 주께서 먼저 모든 고
통을 당하셨고, 우리 마음의 어두운 그림자 위로, 십자가 그림
자를 덮으신다.

　당신은 혼자가 아니다.

　우리에게 있는 대제사장은 우리의 연약함을 동정하지 못하실 이
가 아니요 모든 일에 우리와 똑같이 시험을 받으신 이로되 죄는
없으시니라 히 4:15

평안을 위한 기도문

사랑의 주님, 감사합니다.

세상에 홀로 던져진 것처럼

살아온 저를 용서해주옵소서.

스스로 강한 척하면서,

겉과 속이 다른 상태로 살았습니다.

하나님 앞에서 제가 얼마나

연약한지를 잊고 살았습니다.

주님, 저를 불쌍히 여겨주옵소서.

저는 신음하고, 한숨 쉬며,

고통 가운데 엎드려있습니다.

제 문제를 해결해달라고

기도할 힘조차 잃은 지 오래입니다.

저를 건져주옵소서.

평안을 잃은 상태에서 구원해주옵소서.

약하고 두려워하며 심히 떨었던

사도 바울의 고백으로 기도하오니,

약함 가운데서 건지사 강하게 하시고,

두려움 가운데서 건지사 용기를 주시며,

심한 떨림 가운데서 건지사

모든 일을 능히 감당하며 일어서게 하소서.

평안 없는 제 마음에 공감하시는

그리스도의 이름을 의지하며 기도하오니,

이 시간에 구원을 이뤄주옵소서.

제 심령 깊은 곳에서부터 매일 매분 매초,

샬롬의 샘이 터져 솟아나 흐르게 하소서.

흐를 뿐 아니라 거대한 파도가 되어

제 일상과 관계를 다 덮어주옵소서.

주님을 사랑합니다.

주님을 찬양합니다.

제 연약함을 아시고 동정하시는

예수님의 이름으로 기도합니다, 아멘.

일이 안 되는 걸
하나님의 저주라고
생각해본 적 있나요?

: 죄책감

환자

새벽이었다. 잠결에 팔을 긁고 있었다. 눈을 떴는데 온몸에
두드러기가 나있었다. 찬물 샤워를 했다. 진정이 되지 않았다.
얼음찜질도 해봤지만 허사였다. 나는 좌절했다.

어제는 둘째를 어린이집에 등원시키러 가는 길에 왼쪽 무릎
이 아팠고, 그제는 심한 편두통으로 네 건이나 되는 심방과 선
약을 취소했다. 그전에는 머리카락이 한 줌씩 빠졌고, 또 그전
에는…. 결국 동네 내과에 갔다.

고양이가 문제라고?

그날 피 검사를 했고, 며칠 뒤 병원에서 연락이 왔다. 아무
데서나 잘 먹고, 잘 자고, 잘 싸던 내 몸이 달라져 있었다. 의

사가 결과를 전했고 나는 놀랐다.

"네? 무슨 알레르기요?"

이전에 내게 집먼지진드기 알레르기가 약하게 있다는 말은 들어봤다. 하지만 그날은 몇 가지가 더 추가되었다. 자작나무, 참나무 그리고 고양이 알레르기. 심지어 옆집이나 위아래 층에서 고양이를 키워도 알레르기 증세가 나타날 정도로 심하다고 했다.

약 처방을 받아들고 나오는데 마음이 평안치 않았다.

'나는 건강한 줄 알았는데 이제 아닌가 보다.'

서글펐다. 망할 상상력이 또 발동되었다.

뭘 잘못한 걸까

지난 일 년간 되는 일이 하나도 없었다. 가장 먼저 기도가 잘 안 되었다. 늘 기도했으나 대부분 은혜가 없었다. 그저 원망이나 한숨, 혹은 알맹이 없이 시간만 때우는 기도를 했다.

그러면서 점차 기도가 뜸해졌다. 돌아보니 삼 년쯤 걸려 서서히 기도가 줄었다. 그러다가 어느 순간 기도가 안 되었다. 무릎을 꿇을 영적 힘이 사라진 것만 같았다. 가슴이 철렁했다.

'기도가 안 된다니? 뭐가 잘못된 거야?'

생각이 꼬리를 물었다. 하루씩 거슬러 올라가며 내가 잘못

한 것들을 추적하기 시작했다. 가장 먼저 든 생각은 아내에게
한 잘못이었다.

'그래… 결혼생활 십오 년 동안 나는 경제력이 없는 가장이
었어.'

돌아보니 아내의 생일이나 기념일에 제대로 된 선물을 준 기
억이 없었다. 늘 편지나 사진 선물을 주었지, 화장품이나 옷을
사준 적이 없었다. 생각은 이어졌다.

'맞아… 난 교회를 개척한 후 십 년 동안이나 교인들을 실망
시켰어.'

그동안 교회를 떠나간 사람들의 얼굴이 한 명씩 떠올랐다.
물론 여러 이유로 나갔고 잘잘못은 분명했으나 지금은 그저
모든 이별이 다 내 잘못 같았다. 그러자 교회 개척 사역이 아무
짝에도 쓸모없는 일처럼 느껴졌다.

그날 나는 아무것도 할 수 없었다. 생각하는 것마다 일일이
심판받을 일 같았다. 아니, 이미 심판을 받고 있는 듯했다.

'이것 봐, 왜 몸이 허약해지겠어? 고양이 알레르기? 이게 다
네가 잘못해서 하나님이 심판하시는 것 아니겠어?'

어디선가 이런 목소리가 들리는 것만 같았다. 아무도 만나
고 싶지 않았다. 휴대폰을 껐다. 그리고 불 꺼진 방에 앉아 옷
을 벗고 피부 연고를 발랐다.

며칠 뒤 주일예배가 있었다. 하필 나는 목사였고 억지로 설교했다. 예배 후엔 소그룹 모임도 있었다. 억지로 모임 인도를 했다. 잠시 후 서로 돌아가며 기도제목을 나누었다. 그때 한 여집사님이 이야기를 꺼내며 울기 시작했다.

"제가요, 지난주에 정말 아무것도 할 수 없었어요."

그녀는 직장에서 전도하며 제자 그룹을 이끌고 있는 대단한 분이었다. 그런 분에게 무슨 일이 생겼다는 건지 모두 귀를 기울였다.

"지금 잘 안 되는 모든 일이 다 제 탓 같았어요. 그런데 오늘 예배 중에 기도하는데, 성령님이 깨닫게 해주셨어요.

'사랑하는 딸아. 너는 지금 사단의 참소를 내 음성보다 더 집중해서 듣고 있단다.'

제가 그랬어요. 모든 게 내 잘못이고, 내가 벌 받아서 일이 잘 안 되는 것으로 생각했어요. 하지만 하나님의 말씀과 반대되는 생각이었어요. 하나님은 예수님까지 보내주시며 저를 사랑으로 구원하셨고, 저는 그분의 자녀가 되었잖아요. 이렇게나 축복받은 존재인데 하나님의 말씀 대신 사단의 참소에 귀 기울였어요, 저는⋯."

진솔한 나눔에 내 마음이 뜨거웠다. 마치 예수님의 말씀을 들은 제자들의 마음 같았다(눅 24:32). 하나님께서 그 집사님을 통해 내게 말씀하심을 알 수 있었다.

눈물은 전염성이 강했다. 이야기를 듣는 내내 눈물이 차올랐다. 흐르는 눈물은 오열로 바뀌었다. 공감이 회개로 이어졌다. 그녀의 이야기는 곧 내 이야기였다. 내가 그랬다. 전혀 들을 필요가 없는 사단의 참소에 귀를 기울이느라 정작 꼭 들어야 할 하나님의 말씀은 잊고 있었다.

올바른 회개를 하자 영적 귀가 트였다. '망할' 상상력은 '성공할' 상상력으로 뒤바뀌기 시작했다. 하나님의 말씀이 일순간 몰려와 생각을 가득 채웠다. 가장 먼저 떠오른 건 하나님이 가인을 버리지 않으신 이야기였다.

가인은 누구인가?

가인은 아담의 첫째 아들로, 부모의 기대를 한몸에 받은 자식이었다. 에덴에서 그의 부모가 쫓겨날 때 하나님의 약속이 있었다. 후손에 대한 약속이었는데, '여자의 후손'이 사단의 머리를 밟아 승리케 한다는 것이었다(창 3:15).

이 말씀은 평안을 잃은 아담과 하와의 소망이 되었다. 이후 에덴의 바깥에서 처음 후손을 낳았는데 그가 바로 가인이었다. 그리고 둘째 아들 아벨도 태어났다. 형제는 달랐다. 가인은 믿음이 없었고 아벨은 있었다(히 11:4). 이 차이를 질투한 가인은 분노를 품었고, 결국 아벨을 쳐 죽였다(창 4:8).

그의 죄질은 최악이었다. 하나님을 거역하고, 부모의 소망을 저버렸으며, 최초로 살인을 저지른 죄인이었다. 그러나 하나님은 그를 버리지 않으셨다.

가인의 분노

하나님은 처음부터 가인을 돌보셨다. 그가 동생 아벨을 질투하여 마음에 분노를 품었을 때부터 하나님이 말씀으로 그를 찾아오셨다.

> 여호와께서 가인에게 이르시되 네가 분하여 함은 어찌 됨이며 안색이 변함은 어찌 됨이냐 네가 선을 행하면 어찌 낯을 들지 못하겠느냐 선을 행하지 아니하면 죄가 문에 엎드려 있느니라 죄가 너를 원하나 너는 죄를 다스릴지니라 창 4:6,7

질투의 원인은 불신에 있었다. 가인이 드렸던 예배에는 믿음이 없었다. 그는 믿음 없는 예배를 형식적으로 드렸다. 이것은 하나님이 받으실 만한 예배가 아니었다. 반면 동생 아벨의 예배는 형식뿐만 아니라 그 중심에 믿음이 있었다. 하나님은 이것을 기뻐 받으셨다. 가인은 이에 분노했다.

가인의 분노는 하나님 앞에 정당하지 않았다. 오히려 심판받기 마땅한 죄였다. 그는 분노하기 전에 자신의 예배에 빠진 요소를 돌아보며 돌이켜야 했다.

하나님을 자기 자신보다 높게 여긴다면, 그는 먼저 자기 행실을 성찰하며 회개하는 것이 마땅했다. 그러나 가인에게는 하나님을 존중하는 태도가 전혀 없었다. 자기중심적인 예배를 끝까지 주장하며 자신을 높였다.

'내가 바치는 대로 받으실 것이지!'

이런 태도로 일관했다.

여기서 질문해보자. 하나님 앞에서 가인이 하는 일이 잘 안 되었던 것이 하나님의 심판의 결과였는가? 다시 말해, 하나님을 무시하며 자기중심적인데다 회개할 줄도 모르는 가인을 주님이 버리셨는가? 답은, NO!

버림받아 마땅한 인간

하나님은 가인에게 친절히 설명하시며 그를 회개로 이끄셨다. "네가 분하여 함은 어찌 됨이며 안색이 변함은 어찌 됨이냐"라고 물으셨다(창 4:6). 현실을 제삼자의 눈으로 객관화해서 바로 볼 수 있도록 하셨다.

그뿐만이 아니었다. 해결책도 가르쳐주셨다. 선을 행하면

악을 다스릴 수 있음을, 죄가 가인을 원한다는 것을, 그러나 죄를 다스려야 한다고 말씀하셨다.

이때 가인은 멈출 수 있었다. 분노를 품은 자신의 마음 상태를 객관적으로 바라볼 수도 있었고, 그 마음이 죄의 행위로 이어지지 않도록 다스릴 수도 있었다. 그러나 가인은 하나님께 침묵하며 아벨을 찾아 나섰다. 그리고 끝까지 내달렸다.

가인이 그의 아우 아벨에게 말하고 그들이 들에 있을 때에 가인이 그의 아우 아벨을 쳐 죽이니라 창 4:8

가인의 죄는 가중처벌 받아 마땅한 지경까지 갔다. 마음에 불신과 분노를 품었던 것도 이중적 죄였다. 게다가 하나님의 간섭이 있었을 때조차 그는 말씀을 간단히 간과해버렸다. 순종을 안 한 정도가 아니라 말씀을 무시하고 정반대의 행위 즉, 반역까지 저질렀다. 그뿐만이 아니다.

애초에 하나님이 가인에게 간섭하셨던 것은 은혜였다. 하나님은 가인이 계속 죄를 더해가도록 놔두실 수도 있었다. 그러나 은혜를 베푸서서 하나님과의 관계가 더 멀어지지 않도록 말씀을 주시고 회개로 이끄셨다. 하지만 가인은 이 은혜마저 무시해버렸다.

이쯤에서 또 질문해보자. 이 정도 죄를 저질렀다면, 가인은 버림받아 마땅하지 않은가? 그래서 하나님이 가인을 가중처벌 하셨는가? 그를 버리셨는가? 이번에도 답은, NO!

상식적으로 가인은 버림받아 마땅했다. 하나님이 그를 벌하셔야 맞았다. 그는 조금의 이의도 제기할 수 없는 범죄자 중의 범죄자였다. 그러나 하나님은 그를 버리지 않으셨다. 이번에도 말씀으로 간섭하시는 은혜를 주셨고, 회개의 기회를 또한 번 주셨다.

> 여호와께서 가인에게 이르시되 네 아우 아벨이 어디 있느냐
>
> 창 4:9 상

하나님은 증거를 들고 나오셨다. 가인은 자신의 범죄에 어떤 변명도 할 수 없는 상황에 내몰렸다. 이제는 범죄 사실을 인정하고, 용서를 구하며 뜻을 돌이켜야 했다.

그러나 가인은 더 큰 죄를 짓는다. 이어진 그의 대답은 회개가 아니었다. 뻔뻔하고 당당하게 아무 일 없었다고 하나님께 삿대질했다.

> 그가 이르되 내가 알지 못하나이다 내가 내 아우를 지키는 자니이까 창 4:9 하

재미있는 사실은 하나님께서 아담에게 맡기셨던 일 중 하나가 바로 '지키는 일'이었다는 것이다(창 2:15). 가인은 그 표현을 인용해서 하나님을 비꼬며 이야기하고 있었다.

아버지 아담에게 에덴을 지키는 업무를 주신 하나님이셨다. 그런데 아담이 하나님을 거역해서 지금 에덴의 바깥에서 평안 없이 살고 있다. 이 사실을 잘 알았던 가인은 죄를 고집하는 근거로 아버지의 실패를 들고 있는 셈이었다. 말하자면 가인의 마음에는 이런 식의 반역과 분노의 논리가 들어있었다.

'아버지 아담에게는 지키는 일을 주셨지만 실패했잖아요? 그래서 제가 이렇게 힘들게 살잖아요! 그런데 제게는! 네? 언제 에덴을 지키는 일 같은 업무라도 주셨어요? 우리 한번 따져보자고요! 어차피 쫓겨난 거, 하나님과 아예 갈라서도 되지 않아요? 하나님 없이 살다 죽게 놔둬요!'

죽지 않고 살아서 돌이켜라

"내가 내 아우를 지키는 자니이까?"

가인의 이 대사에서 그의 범죄 동기를 엿볼 수 있다. 그가 분노하며 믿음의 사람을 살해까지 한 것은 하나님을 향한 반역을 지속하고자 하는 동기에서 나온 것이었다.

자, 이쯤에서 또 질문해보자. 이 정도 했으면 그는 처형당해도 싸지 않나? 하나님께 가중처벌 받아 마땅한 죄인이 다시 회개의 기회를 얻었음에도, 끝까지 반역을 고집하고 있지 않은가? 세상 어느 나라의 국법이 반역자에게 두 번 세 번 돌이킬 기회를 주는가? 게다가 돌이키지 않겠다고 고집하는 반역자를 처벌하는 건 당연한 일 아닌가? 이번에는 정말 하나님께 버림받을 만하지 않은가?

이어서 창세기 4장 뒷부분도 마저 읽으며 답해보라. 그래서 하나님은 가인을 버리셨는가? 답은, 역시 NO!

하나님은 이번에도 가인을 버리지 않으셨다. 가인의 고집스러운 반역을 인정하시며, 그 선택의 결과들을 차근차근 알려주셨다(창 4:11,12). 이는 마치 사람이 독을 마시면 독소에 중독되고, 불에 가까이 가면 화상을 입듯, 가인의 선택에 뒤따르는 마땅한 결과였다. 하나님의 창조 질서를 거스르는 행동은 더 큰 불안과 공포를 가져오고, 하나님께로 돌이키지 않은 가인의 선택은 평안 없는 인생을 안겨줄 뿐이었다.

이때 가인은 뒤늦게 하나님께 호소한다.

가인이 여호와께 아뢰되 내 죄벌이 지기가 너무 무거우니이다 주께서 오늘 이 지면에서 나를 쫓아내시온즉 내가 주의 낯을 뵈옵지 못하리니 내가 땅에서 피하며 유리하는 자가 될지라 무릇 나를 만나는 자마다 나를 죽이겠나이다 **창 4:13,14**

언뜻 읽어보면 회개 같지만, 이것은 회개가 아니다. 그저 자신이 저지른 죄의 결과가 역으로 자신의 목숨을 위협해 날아들어오는 것을 인식하고는 내지른 공포의 단말마 같은 것이었다. 죄에서 돌이킬 생각은 없지만, 그 대가로 펼쳐질 평안 없는 상황은 피하고 싶다는 비명이었다. 어둠과 빛을 동시에 소유하고 싶다는 기도이자 양립할 수 없는 두 세계를 넘나들고자 하는 교만한 생각이었다.

그러나 이번에도 하나님은 그를 버리지 않으셨다. 오히려 그 속에서 구원의 길을 제시하셨다. 죽지 않고 살아서, 살아있는 동안은 언제고 돌이킬 수 있는 유예 기간을 주셨다. 또다시 말도 안 되는 은혜를 베푸셨다.

> 여호와께서 그에게 이르시되 그렇지 아니하다 가인을 죽이는 자는 벌을 칠 배나 받으리라 하시고 가인에게 표를 주사 그를 만나는 모든 사람에게서 죽임을 면하게 하시니라 **창 4:15**

신비하다. 죽어 마땅한 죄인이 은혜의 표를 받음으로 살길이 열렸다. 그러나 이어지는 구절을 보면 가인은 끝내 이 표를 쓰지 않고 죄만 더 짓다가 죽었다. 그리고 그 후손들도 가인의 길로 갔다. 죄는 그 정도를 더해갔고 하나님과의 거리는 멀어져만 갔다(창 4:16-24).

다윗의 하나님, 나의 하나님

가인뿐만이 아니다. 간음과 살인을 저지른 다윗 왕도 회개의 기회를 끝까지 얻었다. 교회를 핍박하며 잔멸하러 다녔던 바울도 결국 회개의 기회를 얻었다. 성경에 등장하는 인물들 모두에게 하나님은 한결같이 살길을 열어주셨다. 죄인을 버리지 않고 말씀을 주셔서 회개할 수 있도록 친히 이끄셨다.

성경의 하나님이 지금 당신과 함께하시는 바로 그분이다. 성경 시대나 오늘이나 하나님은 변함이 없으시다. 그분은 어제나 오늘이나 동일하시다. 어제 가인을 버리지 않으신 하나님은 오늘 당신도 버리지 않으신다. 어제 다윗과 바울에게 새 기회를 주신 하나님께서 오늘 당신에게도 새 기회를 주신다.

그분은 당신을 절대 버리지 않으신다. 어떻게든 말씀을 듣게 하셔서 회개할 기회를 반복해서 주신다. 죄로 하나님과 멀어져 평안을 잃고 신음하는 모든 인생에게 하나님은 자비하시고 신실하시다. 그래서 말씀으로 찾아오신다.

사단의 참소는 성경 말씀과 반대된다. 만약 당신에게 성경과 다른 목소리가 들린다면 그것에 귀 기울일 필요가 전혀 없다. 특히, 당신이 하나님께 버림받았다는 목소리는 거짓 중의 거짓이다. 진실은 성경 말씀에 있다.

생명과 평안의 책

성경은 살아계신 하나님의 말씀이다. 죽은 종교 서적이나 철학 고전이 아니다. 이 책에 기록된 모든 말씀은 틀림없는 사실이며, 쓰인 대로 이뤄졌고, 앞으로도 완벽히 이뤄질 것이다.

> 말씀이 육신이 되어 우리 가운데 거하시매 우리가 그의 영광을 보니 아버지의 독생자의 영광이요 은혜와 진리가 충만하더라
>
> 요 1:14

위 구절처럼 하나님의 말씀이 육신이 되어 우리 가운데 오셨고 함께 살고 계신다. 즉 예수님이 당신과 동행하신다. 당신은 지금 당장 성경을 펼침으로써 그분의 말씀을 들을 수 있는 은혜를 얻은 존재다.

성경 66권은 모두 예수님이 누구신지를 설명하고 있다. 성경은 예수님의 말씀이며 예수님에 대한 말씀이다. 성경 말씀을 통해 당신은 생명과 평안을 얻게 된다.

당신은 혼자가 아니다. 성경에 살아 숨 쉬는 하나님의 역사를 보라. 평안을 잃었던 성경 인물들을 한결같은 은혜로 대하시는 하나님을 보라.

만약 일이 잘 안 풀린다면 먼저 말씀에 귀를 기울이자. 하나님이 당신을 버리셨기 때문에 저주를 받았고, 돌이킬 길은 없다

는 사단의 거짓말에 귀를 닫아라. 냅다 무시해라.

　살아있는 모든 순간이 돌이킬 기회이며, 평안을 되찾을 은혜의 때다. 예수님 안에 평안이 있다. 이 시간 예수님의 이름으로 함께 기도하자.

평안을 구하는 기도

버림받아 마땅한 죄인에게
말씀을 주시는 주님, 감사합니다.
날마다 은혜를 주셔서 회개로 이끄시는 주님,
찬양과 영광을 받으소서!
최근 저는 하는 일마다 잘 안되는 것 같아
마음이 어려웠습니다.
하지만 진짜 이유는 따로 있었습니다.
제가 저주 가운데 있다는 생각 때문이었습니다.
그런데 성경 말씀에 보니 하나님은 죄인을 내치고
즉결 심판하시는 분이 아닙니다.
이제 성경 말씀대로 하나님을 믿겠습니다.
하나님은 처음부터 마지막까지 죄인에게
회개의 기회를 주셨습니다.
급기야 예수님까지 보내주셔서
그분을 믿는 자마다 구원을 얻게 하셨습니다.
오 주님, 성경에 이렇게 중요한 사실이
기록되어있음에도 저는 자꾸 잊어버립니다.
말씀 대신 사단의 참소와 거짓말에
더 귀를 기울입니다.

저를 용서하시고 제 귀를 새롭게 하사,

말씀에만 반응하게 하소서.

제 안에 겹겹이 쌓여있는 죄의 마음과 행위를

모두 용서해주소서.

오직 성경 말씀에만 반응하고 순종하며

새로워지는 인생이 되게 하소서.

제 안에 도사리고 있는 불안과 공포를

모두 제거해주옵소서.

말씀이 육신이 되어 우리 가운데 거하신다 하셨으니,

그 말씀을 믿으며 예수님과 동행하게 도와주소서.

매일 성경 말씀이 떠오르고 들리게 하소서.

날마다 말씀과 회개의 기회를 베푸시고

평강에서 평강으로 인도하시는

예수님의 이름으로 기도합니다, 아멘.

저를 떠나서
어디로 가신다는 거죠?
: 불안

명절 저녁 식사 자리에서

불 켜진 산 윗동네, 예루살렘도 밤엔 추웠다. 언덕 위 빛나
는 마을로 모여든 사람들은 하나둘 겉옷을 두르며 잔치 준비
로 들떠 있었다. 유월절 끝 무렵이라 아침부터 바빴던 사람들
은 이제야 준비를 마치고 식사 자리를 펼쳤다.

골목마다 음식 냄새가 났고, 집집마다 사람들의 상기된 목
소리가 들렸다. 대화와 노래와 히브리 성경을 낭독하는 소리
로 마을은 들썩였다.

명절을 지내러 온 객들과 친척들 그리고 함께 지내던 오이
코스(성도가 삶과 인격을 나누는 공동체) 식구들도 한자리에 모였
다. 그들은 서로 평안을 기원하며 축복을 주고받았다.

마가의 다락방에 모였던 사람들

제자들은 예수님과 모여앉았다. 그런데 불안했다. 명절을 즐기는 분위기가 아니었다. 모두가 걱정하고 있었다. 왜냐면 예수님이 자꾸 떠나신다고 하셨기 때문이었다.

다른 말씀들도 이해되지 않는 게 종종 있었지만, 이번만큼은 더욱 받아들이기 힘든 말씀이었다. 제자들은 예수님을 이해할 수 없었다. 그들의 생각은 예수님과 달랐고 확고했다. 헤어지기 싫었다. 천년만년 예수님과 함께 지내고 싶었다.

무엇보다 '예수당'을 만들어 기존 정권을 몰아내고 싶었다. 로마 정부로부터 독립을 이루든, 기존 유대교를 개혁하든, 아니면 둘 다 하든, 새로운 나라를 세우고 싶었다. 가능성은 충분했다. 예수님과 함께해온 그간의 경험들이 보증했다.

제자들은 오병이어 이적을 비롯해서 치유와 귀신 쫓음, 그리고 말씀 전파 사역을 지속하고 싶었다. 특히 예수님이 조금만 나서주신다면 일은 더 쉬워질 것이었다. 실제로 군중이 모였고, 그들은 예수님을 왕으로 억지로라도 앉히려 달려들었다(요 6:15). 예수님이 반대하지만 않으신다면, 가만히만 계셔도 왕이 되실 수 있었다. 그럼 자연히 제자들은 새로운 나라에서 한 자리씩 차지할 수 있었다.

그런데 예수님의 생각은 달랐다. 자꾸만 제자들의 기대를 저버리는 말만 하셨다. 떠나신다느니, 제자들이 배반한다느니, 당신은 고난을 받고 죽으신다느니… 통 이해되지 않는 말씀만 반복하셨다.

가장 실망스러웠던 건 반역자 공표였다. 이것은 '명절 무드'를 깬 결정적인 말씀이었다. 처음에는 제자 중 한 사람이 배반할 것을 말씀하시더니 뒤이어 한 사람을 지목하셨고, 지목당한 제자는 밥 먹다 말고 나가버렸다(요 13:25-30). 분위기가 냉랭했다. 도무지 명절 식사를 지속할 상황이 아니었다.

예수님이 제자들의 발을 씻겨주실 때까지만 해도 그럭저럭 괜찮았다. 그런데 떡과 잔을 나눠주시며 고난 예고를 또 시작하셨을 때부터 분위기가 어그러졌다. 예수님의 말씀과 행동 하나하나가 다 작별 인사처럼 느껴졌다.

제자들은 당혹스러웠다. 예수님이 왜 그러시는지도 모르겠고, 진짜로 떠나실까 봐 불안했다. 서로 눈치를 보다가 참다 못해 한 사람이 나섰다. 베드로였다. 그가 예수께 물었다.

시몬 베드로가 이르되 주여 어디로 가시나이까 **요 13:36 상**

그의 질문은 정당했다. 모든 일이 이렇게 잘되고 있는데, 하필 지금 떠나시겠다는 예수님을 향한 걱정이자 항변이었다. 모두가 느끼던 어색한 상황을 대변하는 말이기도 했다.

그런데 예수님은 분위기 파악이 잘 안 되시는 것 같았다. 아

님 모른 척하시려는 걸까. 이어진 예수님의 대답은 제자들의
마음을 더욱 어렵게 만들었다.

> 예수께서 대답하시되 내가 가는 곳에 네가 지금은 따라올 수 없
> 으나 후에는 따라오리라 베드로가 이르되 주여 내가 지금은 어
> 찌하여 따라갈 수 없나이까 주를 위하여 내 목숨을 버리겠나이
> 다 예수께서 대답하시되 네가 나를 위하여 네 목숨을 버리겠느
> 냐 내가 진실로 진실로 네게 이르노니 닭 울기 전에 네가 세 번
> 나를 부인하리라 요 13:36-38

예수님은 제자들이 염려를 멈추도록 위로하지 않으셨다.
"내가 가긴 어딜 간다고! 나는 너희를 절대 떠나지 않아. 나
와 함께 하나님나라를 예루살렘에서부터 세워가자꾸나!"
이런 식으로 그들의 기대를 충족하는 대답을 하지 않으셨
다. 그 대신 염려에 방점이라도 찍으시려는 듯 베드로가 앞으
로 어떻게 행할지를 매우 부정적으로 말씀하셨다. 떠나실 것도
확실히 강조하셨다.

유다에 이어 베드로까지?
베드로는 열정적이었다. 만약 예수님이 떠나셔야 한다면 무

조건 따라가겠다고, 목숨을 걸고라도 뒤쫓겠다고 핏대를 세워가며 말했다(요 13:37). 그러나 예수님은 그 대답을 전혀 칭찬하지 않으셨다. 오히려 베드로가 몇 시간 뒤에 예수님을 세 번이나 모른다고 주장할 것이라 예고하셨다. 배신하기도 전에 배신을 확증하셨다.

하필 그때 유다는 이미 식사 장소를 나간 뒤였다. 예수님이 베드로의 배신을 예고하신 후, 유다의 빈자리가 더 커 보였다. 제자들은 뒷골이 서늘했다. 정적이 흘렀다. 예수님이 왜 그러시는지 알 길이 없었다. 유다에 이어 베드로마저 자리를 박차고 나가버릴 것만 같았다.

명절 저녁 식사 자리에서 제자들의 낯빛은 점점 어두워갔다. 누구도 쉽게 입을 열지 못하고 앉아있는데, 바깥은 명절을 맞아 떠들썩했다. 식탁 위 무교병은 식어갔다. 산 윗동네 예루살렘에 유월절 밤이 깊어가고 있었다.

근심하지 말라는 세 가지 이유
어색한 분위기를 깨고 예수님이 말씀하셨다.

너희는 마음에 근심하지 말라 요 14:1 상

위로의 말씀이었다. 제자들의 마음이 근심으로부터 놓여 자유하기를 명하셨다. 그분의 말씀대로라면, 근심은 통제 가능한 것이었다. 선한 목자이신 예수께서 당신의 양인 제자들에게 순종 불가능한 명령을 주실 리 없었다. 그분이 "하지 말라"라고 하셨다면, 제자들이 하지 않을 수 있다는 뜻이었다.

근심은 마음에 들어오는 것이고, 제자들은 마음을 근심으로부터 지킬 수 있었다. 제자들이 근심에 대해 "저도 어쩔 수 없어요"라고 했다면, 예수님은 "네가 어쩔 수 있다"라고 하신 셈이었다.

"지금 상황 좀 보세요. 예수님은 떠나신다고 하고, 수제자 베드로는 부인할 거라고 하시고… 상황이 근심 안 하게 생겼어요?"

제자들은 이와 같은 생각을 스스로 멈출 수 있었다. 예수님의 말씀은 이어졌다.

하나님을 믿으니 또 나를 믿으라 **요 14:1 하**

유월절 식사 장소에 유대인 남자 열세 명이 모여있었다. 그들의 공통점은 '하나님을 믿는 신앙'이었다. 열두 제자들은 모두 유대인 남성이었다. 그들은 출애굽 이후부터 그때까지 천사백 년 이상 하나님을 믿어온 뿌리 깊은 정통 신앙인들의 후

손이었다. 조상 대대로 내려온 신앙이 그들의 유전자에 새겨져 있었다. 그들은 하나님을 신뢰했다.

그런데 지난 삼 년간 그들은 눈앞에서 하나님을 봐왔다. 그분이 부르실 때부터 특별했다. 그물도 배도 가족도 직업도 다 버리고 따를 수밖에 없는 신성(神性)이 그분 안에 있었다(막 1:18-20, 눅 5:28). 그분의 말씀에는 하나님의 권위가 있었고, 그 앞에서는 귀신도 떠나고 질병도 깨끗해졌다(눅 7:22).

그뿐인가! 그분 앞에서는 날씨도 복종했다(막 4:39-41). 그분은 제자들의 눈앞에서 변화된 모습으로 모세와 엘리야와 함께하셨다(막 9:1-5). 오병이어로 수만 명을 먹이셨고, 물 위를 걸으셨다(막 6:38-50). 그분은 하나님이셨다.

제자들은 예수님이 누구신지를 회상하는 동안 마음에서 염려가 사라졌다. 그분의 말씀의 권세를 봐도 그렇고, 그분과 동행했던 지난 세월을 떠올려봐도 지금 눈앞에 계신 예수님은 하나님이셨다. 그 사실이 믿어졌고, 염려할 필요가 없었다.

이것은 근심하지 않을 수 있는 첫 번째 근거이자 경험 지식이었다. 예수님과 동행한 경험을 떠올리면 모든 염려는 자취를 감추었다.

예수님은 이어서 두 번째 근거를 말씀해주셨다. 그것은 천국 소망이었다.

내 아버지 집에 거할 곳이 많도다 그렇지 않으면 너희에게 일렀
으리라 내가 너희를 위하여 거처를 예비하러 가노니 요 14:2

그들이 익히 알던 히브리 성경에 이미 천국과 하나님나라의
이야기는 사백 회 가까이 등장했다. 유대인이었던 열두 제자들
은 누구보다 그곳을 기억하고 기대하며 기다리고 있었다.

어려서부터 유대교 문화권에서 자란 그들이었다. 그곳이 물
리적 주소지가 있는 장소가 아닌 것 정도는 기본 지식이었다.

유대인 남자들에게 하나님나라란 '관계'로 들어가는 곳이었
다. 그들은 모두 아브라함과의 관계, 즉 혈통이 있어서 안전했
다. 아브라함은 하나님께서 직접 지명하여 가나안으로 옮기신
열국의 아비였다.

주소가 아닌 혈통 관계로 가는 나라, 천국. 그런데 예수께
서 근심하지 말라며 천국 이야기를 꺼내셨다. 그곳은 예수님
이 "내 아버지"라고 부르시는 하나님의 집이었다. 그곳은 '혈통
관계'가 아니라 하나님과 '부자 관계'에 있는 사람이 갈 수 있
는 나라였다.

예수께서 그 나라로 제자들을 초대하셨고, 그곳은 거할 곳
이 많았다. 나중에 성령의 임재 후 제자들은 이 말씀을 체험적
으로 알게 되었다. 사도 바울은 이렇게 말했다.

우리는 하나님의 자녀가 될 자격이 없는 죄인이었다. 그래서 평안이 없고 두려움만 가득했다. 이때 예수께서 죄인들을 대신해 죗값을 치르고 죽으셨다. 또한 부활하셨다.

이 사실을 믿는 자에게는 더 이상 "무서워하는 종의 영"이 주인 노릇을 할 수 없었다. 대신 하나님을 담대히 "아빠 아버지"라고 부르짖을 수 있게 되었다. 친자는 아니지만, 하나님의 법에 의해 합법적 친자의 자격이 주어지는 "양자의 영"을 받은 것이다.

천국은 '관계'로 가는 나라였다. 하나님과 부자지간의 관계를 얻은 사람들이 가는 하나님나라, 천국. 이제 제자들은 그분이 보내신 구원자, 예수님을 통해 그 관계를 얻게 되었다.

그러니 제자들은 염려할 게 없었다. 천국은 현재의 어떤 근심보다 큰 존재였다. 앞으로 가게 될 하나님나라를 소망하는 그들의 마음에는 평안만 가득할 뿐 더는 염려가 자리할 공간이 없었다.

예수님의 떠나심은 그 나라를 "예비하러" 가시는 일시적인 것이었다. 예수님은 떠나시지만, 그곳에서 곧 다시 만날 것이므로 제자들은 근심할 필요가 없었다.

이어서 세 번째 근거도 말씀해주셨다. 바로 다시 오실 것에 대한 약속이었다.

가서 너희를 위하여 거처를 예비하면 내가 다시 와서 너희를 내게로 영접하여 나 있는 곳에 너희도 있게 하리라 요 14:3

예수님은 먼저 가서 거처를 예비해두신 후에 다시 오신다고 약속하셨다. 이것도 유대인 문화 코드에 있는 이야기였다. 제자들은 이 말씀을 들었을 때 곧 결혼식이 떠올랐다.

당시의 결혼은 주로 신부의 몸값에 대한 보증으로 시작되었다. 예비 신부는 신랑 될 사람에게 결혼 지참금의 전부나 일부를 먼저 받았다. 그럼으로써 약혼이 성사되었다.

이후 그녀는 기다려야 했다. 신랑이 아버지 집의 한 면으로부터 이어지는 신혼집을 만들러 갔기 때문이다. 언제 신랑이 약속을 이루기 위해 돌아올지 모를 일이었다. 밤이나 낮이나 신부는 신랑의 복귀를 믿음으로 기다리고 소망했다.

제자들에게 이런 결혼 문화가 익숙했기에 예수님은 결혼 비유로 말씀하셨다. 약속은 예수께서 직접 신부 될 제자들의 몸값을 지불함으로써 맺어지며, 약속을 완성하기 위해 다시 데리러 오실 것이었다.

재림에 대한 소망의 말씀을 받은 제자들에게 근심은 불필요했다. 예수님은 아주 떠나시는 게 아니었다. 이것이 근심을 종식시킬 또 하나의 근거였다.

> 우리가 예수께서 죽으셨다가 다시 살아나심을 믿을진대 이와 같이 예수 안에서 자는 자들도 하나님이 그와 함께 데리고 오시리라 우리가 주의 말씀으로 너희에게 이것을 말하노니 주께서 강림하실 때까지 우리 살아남아 있는 자도 자는 자보다 결코 앞서지 못하리라 주께서 호령과 천사장의 소리와 하나님의 나팔 소리로 친히 하늘로부터 강림하시리니 그리스도 안에서 죽은 자들이 먼저 일어나고 그 후에 우리 살아남은 자들도 그들과 함께 구름 속으로 끌어 올려 공중에서 주를 영접하게 하시리니 그리하여 우리가 항상 주와 함께 있으리라 **살전 4:14-17**

평안을 위한 기도

사랑하는 주님, 저를 용서하소서.

제 안에 평안 대신 근심이 가득했던 것을 회개합니다.

주님은 제게 근심하지 말라, 하나님을 믿으니

또 나를 믿으라고 명령하셨습니다.

내 아버지 집에 거할 곳이 많다고 위로하셨고,

다시 맞으러 오시겠다고 약속해주셨습니다.

그럼에도 말씀보다 근심에

더 빠져 지낸 시간들을 회개합니다.

용서하시고 새롭게 해주옵소서.

유월절 끝날에 제자들을 위로하시며 안심시켜주신 주님,

이 시간 같은 목소리로 제게 임해주시니 감사합니다.

말씀이 있으니 저는 안전합니다. 안심합니다.

어떤 근심거리도 저를 해할 수 없습니다.

제게는 영적 신랑 되신 주님이 계시기 때문입니다.

저를 영적 신부 삼아주시고 모든 근심으로부터

건져주신 주님을 믿습니다. 감사합니다.

근심하지 말라고 명령하실 뿐 아니라,

그 이유도 친절히 설명해주신 나의 신랑 예수님

감사합니다. 주님을 사모합니다.

기다립니다. 소망합니다. 그립습니다.

주 예수여, 어서 오시옵소서!

모든 눈물과 한숨을 닦아주시고,

그리운 내 아버지의 집, 거할 곳이 많은

그 나라로 인도해주옵소서.

하루하루 주님을 기다리는

소망 가운데 살며 평안을 누리게 하소서.

신랑의 음성에 귀 기울이며

그와 다른 제 생각과 고집들로부터 저를 건져주소서.

주님 나라에 속한 평안을 주시고,

주님 나라에 속한 능력으로 저를 압도해주소서.

날마다 "마라나타 주 예수여 어서 오시옵소서!"라고 외치며

어떤 시험이나 환란이나 핍박 가운데서도

천국 평안과 소망을 온전히 누리게 하소서.

주님을 다시 만나는 그날이 오면,

주님 품에 안겨서 그동안의 기다림을

찬양과 감사로 실컷 표현하겠습니다.

그날까지 항상 평안케 하소서.

나의 신랑, 예수님의 이름으로 기도합니다, 아멘.

예수님 말고
따로
믿고 싶은 게 있어요
: 욕심

이것을 너희에게 이르는 것은 너희로 내 안에서 평안을 누리게 하려 함이라
세상에서는 너희가 환난을 당하나 담대하라 내가 세상을 이기었노라

요 16:33

평안과 나 사이의 거리

예수님의 말씀을 들은 제자들은 이제 근심할 필요가 없었다. "너희는 마음에 근심하지 말라"(요 14:1)라는 말씀부터가 명령형이었다. 군대에서도 상관의 명령에 즉시 복종하는데, 하물며 예수님은 더 높은 분이셨다. 그분의 명령에 복종해야 옳았다.

근심하지 않을 이유도 무려 세 개나 있었다. 주님과 함께했던 경험 지식, 천국 소망, 그리고 재림 약속이 그것이었다.

게다가 제자들은 모두 유대인 남자들이었다. 그들에게 마가의 다락방에서 근심하지 말라는 명령과 함께 주신 예수님의 말씀들은 전혀 어려울 게 없었다. 친히 유대인 문화 코드에 맞춰 설명해주신 덕에 제자들의 눈높이와 딱 맞았다.

그러나 제자들은 달라지지 않았다. 복종하지도, 설득당하

지도, 친근히 대화를 따라가지도 못했다. 그 대신 예수님의 명령을 무시했고, 믿음 대신 근심과 의심을 고집했다.

예수님이 진실을 말씀하셨을 때 제자들은 바뀔 수 있었다. 하지만 그들의 생각은 진실과 거리가 멀었다.

한 제자가 입을 열었다. 그는 이렇게 주장했다.

도마가 이르되 주여 주께서 어디로 가시는지 우리가 알지 못하거늘 그 길을 어찌 알겠사옵나이까 요 14:5

도마는 여전했다. "어찌 알겠사옵나이까", 요즘 말로 "제가 알 게 뭡니까"라는 뉘앙스로 진실을 간단히 쳐냈다. 그러나 이 무례한 태도에도 예수님은 신실하게 응답해주셨다.

예수께서 이르시되 내가 곧 길이요 진리요 생명이니 나로 말미암지 않고는 아버지께로 올 자가 없느니라 요 14:6

길 밖에서 길을 찾던 제자들

도마는 길을 찾고 있었다. 그 길은 개인과 국가 구원의 길이었다. 이것은 구약 시대부터 조상 대대로 성경을 붙들고 논의해온 내용이기도 했다.

죄인들을 향한 하나님의 뜻을 아는 길. 하나님과 화목하게 되는 길. 로마 치하에 있는 현재의 국가 전복 상태에서 벗어나는 길. 출애굽을 이끈 광야의 모세와 같은 걸출한 지도자를 찾는 길. 성경에 약속된 하나님나라가 이 땅에 임하는 길. 죄와 죽음의 권세를 이기는 길. 가난을 끝내는 길. 어둠을 몰아내는 길. 천국의 길. 생명의 길. 구원의 길.

그런 도마에게 예수님이 오셨다. 따라오라고 부르셨다. 도마는 이에 순종했다. 삼 년이나 함께했다. 그런데 동행할수록 모를 일이었다. 예수님이 일으키신 이적들은 대단해 보였지만, 그분의 행적은 의아했다.

그분처럼 말하고 행동하는 사람은 없었다. 그분의 영향력은 온 나라를 들썩이게 할 정도였지만, 상식을 뒤집는 요소가 너무 많았다.

그분은 정당을 세우지 않으셨다. 현직 권력자들에게 돌진해 충돌과 전복을 일으킬 만한 '맨파워'를 규합하지도 않았다. 그렇다고 '머니파워'가 있는 것도, 기존 질서의 인정을 받는 것도 아니었다. 사자처럼 군림하려는 의지는 아예 없어 보였고, 하다못해 종교 지도자들을 깨부수지도 않으셨다.

그 대신 정결법을 지킬 때 써야 하는 물을 몽땅 포도주로 바꾸셨다. 금식일에 식사하셨고, 안식일에 일하셨다. 고향에서는 도망 나오셨고, 이적에 열광하는 군중은 돌려보내셨다.

홀로 기도하러 다니셨고, 돼지 떼 이천 마리를 몰살시키셨고, 비유로 가르치셨다. 듣겠다는 사람은 돌려보내고, 들을 귀 없는 제자들은 삼 년이나 끼고 다니며 설명하고 또 설명하셨다. 그 외에도 의아한 부분은 한둘이 아니었다.

그중에서도 가장 이해되지 않는 게 있었다. 떠나신다는 것, 배반당하고 끌려가 고난받고 죽으신다는 것, 그리고 부활하신다는 말씀이었다. 모두 도마가 찾던 길이 아니었다.

근심과 불안의 원인이 거기 있었다. 예수님 때문이었다. 도마의 의중을 헤아린 예수님이 그에게 익숙한 길을 제시하셨다면 걱정은 없을 것이었다. 도마는 예수님 바깥에서 길을 찾고 있었다.

그때 예수님이 말씀하셨다. 길이 어디에 있는지 확언하셨다.

내가 곧 길이요 요 14:6 상

단순하기 그지없는 말씀. 도마의 의중을 꿰뚫고 주신 답은 길이 '무엇'인지가 아니라 '누구'인지에 관한 것이었다. 예수님 자신이 바로 도마가 찾던 그 길이심을 선언하셨다.

이 말씀 앞에서 도마는 예수님과 충돌했다. 자기 생각과 예수님의 생각이 달랐다.

여태 예수님 밖에서 길을 찾아 헤매던 그에게 예수님이 곧 길이라는 말씀은 생각을 정지시키는 의외의 답이었다.

이제 도마는 예수님의 말씀을 들었다. 다시 순종할 기회가 주어졌다. 예수님의 생각이 자신과 다름을 알았고, 결정할 순간이었다. 자기 생각을 유지할지 아니면 부인할지.

내가 믿고 싶은 것을 믿으면 불안하다. 마가의 다락방에서 제자들이 불안했던 이유다. 평안은 예수님으로부터 주어진다. 도마가 근심을 떨치려면 자기 생각을 부인하고, 예수님의 생각을 받아들이기만 하면 되었다. 그저 이렇게 신앙고백을 드리면 될 일이었다.

"아멘! 제 생각은 틀렸고 예수님의 말씀이 맞습니다. 예수님이 길이십니다!"

그러나 도마는 입을 열지 못했다. 아직 할 말을 찾지 못하고 있었다. 그때 다른 제자가 끼어들었다. 눈치 없이 예수님의 대답은 무시한 채 질문을 던졌다. 마치 도마를 향한 예수님의 대답을 듣지 못한 사람처럼 물었다.

빌립이 이르되 주여 아버지를 우리에게 보여주옵소서 그리하면 족하겠나이다 요 14:8

빌립 역시 길 바깥에서 길을 찾고 있었다. 그는 하나님 밖에서 하나님을 찾았다. 예수님이 하나님이심을 믿을 수 없었다.

지난 삼 년간 천국 복음을 전하며, 죽음을 생명으로, 어둠을 빛으로, 눌린 것을 자유의 상태로 회복하시는 예수님과의 동행이 헛것이었다. 그분의 말씀 앞에 자연도 복종하고, 물리 법칙이 움직이던 놀라운 경험들도 아무 소용이 없었다.

그는 예수님과 동행하면서도 계속 '예수님이 아닌 하나님'을 찾았다. 예수님과 전혀 다른 생각을 가지고 동행했다는 점에서 도마와 같았다.

예수님은 빌립에게도 설명해주셨다. 그동안 함께하면서 보고 들었던 것, 체험한 사실들을 근거로 다시 생각해볼 것을 요청하셨다. 동시에 믿음을 요구하셨다.

내가 아버지 안에 거하고 아버지께서 내 안에 계심을 믿으라 그렇지 못하겠거든 행하는 그 일로 말미암아 나를 믿으라 요 14:11

도마나 빌립이나 마찬가지였다. 각자 자기가 믿고 싶은 것이 있었다. 두 사람뿐 아니라 다른 제자들도 그랬다. 예수님을 예수님으로 믿지 못했기에 근심에 잠겨있었다.

가까이 있는 평안

제자들의 모습이 우습다. 예수님과 동행하면서 예수님을 찾는 모양이 마치 손에 휴대폰을 들고 온 집안을 헤집으며 "내 휴대폰 어딨지?" 하는 것과 같다.

제자들을 보며 가슴이 뜨끔하다. 다름 아닌 내 모습이기 때문이다. 근심한다. 매사에 평안이 없다. 왜일까? 여기에는 성경과 같은 이유가 있다.

예수님과 동행하고는 있지만, 그분과 다른 생각을 가지고 있어서다. 내 생각을 예수께 관철시키려는 꺾이지 않는 고집 때문이다. 내 생각과 다른 예수님의 말씀은 불편해하기로 결정한 아집 때문이다. 그리고 무지 때문이다. 평안을 주시는 하나님 밖에서 평안을 찾아다니는 무지함이 바로 근심의 원인이다.

평안은 멀리 있지 않다. 가까이 계신 주님께 있다. 다음 말씀과 같다.

내가 오늘 네게 명령한 이 명령은 네게 어려운 것도 아니요 먼 것도 아니라 하늘에 있는 것이 아니니 네가 이르기를 누가 우리를 위하여 하늘에 올라가 그의 명령을 우리에게로 가지고 와서 우리에게 들려 행하게 하랴 할 것이 아니요 이것이 바다 밖에 있는 것이 아니니 네가 이르기를 누가 우리를 위하여 바다를 건너가서 그의 명령을 우리에게로 가지고 와서 우리에게 들려 행하게 하랴

할 것도 아니라 오직 그 말씀이 네게 매우 가까워서 네 입에 있으며 네 마음에 있은즉 네가 이를 행할 수 있느니라 **신 30:11-14**

제가 원하는 길을 아시잖아요?

근심 가운데 있을 때 우리는 기도한다. 평안을 달라고 요청한다. 최소한 이 근심으로부터 건져달라고 호소한다. 그때마다 주님은 말씀으로 답하신다.

"내가 곧 길이다."

이것이 정답이다. 능력 있는 대안이자 창조주의 혜안이다. 그러나 우리는 듣지 못한다. 하나님이 주시는 정답이 내가 생각하고 기대하는 것과 달라서다. 그래서 주신 답을 무시하고 다시 요청한다.

"아니요, 그게 무슨 소리예요? 그 '길'은 제가 원하는 게 아니에요! 제가 생각하는 길, 제가 안심할 만한 길을 보여주세요. 당장 눈앞에 닥친 문제들을 해결할 뾰족한 방법을 알려달라고요!

이렇게 인천 변두리, 조그마한 카페와 교회 사무실에서 예수님이랑 단둘이 갇혀 지내는 길 말고요, 네? 아실 만한 분이 꼭 제 입으로 이렇게까지 기도해야겠어요? 왜 그런 거 있잖아요.

한 이만 평짜리 으리으리한 주차장이 딸린 교회 건물에서 십만 명쯤 되는 성도와 함께 신앙생활 하는 폼나는 교회요. 그곳의 담임목사 사무실에서 예수님과 오붓하게 지내는, 그런 길을 알려주시라고요. 참, 사무실 책상은 원목으로 된 엔틱 가구로 해주시는 거 잊지 마시고요!"

기도인가 근심 재탕인가

적다 보니 불쑥 내 생각이 튀어나왔다. 그렇다. 내 생각, 내 기도다. 아무리 이렇게 기도해도 성령님의 말씀은 변함없으시다. 성경과 정확히 일치한다.

"내가 진리란다."

그래도 기도자는 끈질기게 불신을 내려놓지 않는다. 하나님께 지지 않으려 '근심 재탕 기도'를 드린다.

"하, 참. 그게 또 무슨 말씀이세요? 왜 예수님이 직접 진리가 되려고 하세요? 제가 생각하는 진리를 주시라고요. 예를 들어 드려요? 잘 들어보세요, 하나님!

'결혼생활 잘하는 일곱 가지 비결', '자녀양육, 이것만 알면 되는 세 가지 팁', '일터에서 싫은 일 안 하고 놀고먹는, 그런 추월 차선의 길', '일주일에 네 시간 일하고 갑부 되는 방법', '속전속결로 권사 되고, 장로 되고, 존경받는 교회 어른이 되는 비법', '힘들게 성경 읽고 기도하고 예배하지 않아도, 누군가 떠먹

여 주는 종교 서비스로 근사한 교회 일원이 되는 법', 이런 류의
진리 말이에요!"

이렇게 기도자는 자기 근심을 기도처럼 쏟아놓으며 성령님
이 주신 정답을 외면한다. 그래도 성령님은 설득당하지(?) 않
으시고 더욱 진리를 알려주신다.

"내가 생명이다."

아마 마가의 다락방에 모였던 제자들은 이렇게 생각했을지
도 모른다.

'네? 아니, 우리를 대신해서 고난받고 죽으러 오셨다는 분이
생명이라뇨? 그러지 마시고 저희 좀 살려주세요. 이스라엘 한
번 둘러엎읍시다. 언제까지 이렇게 로마와 유대 지도자들 사이
에 끼어서 살아요? 정말 죽겠어요. 저희 살길을 열어주시든지
아니면 가난 문제나 좀 해결해주세요. 그때 보니까 오병이어
로 남자만 오천 명도 먹이시던데, 그런 식의 생명이나 더 주시
든지요.'

귀가 막혀

도마와 빌립만이 아니었다. 유다도 예수님과 다른 생각으
로 가득 차있었고, 나머지 제자들도 다를 바 없었다(요 14:22,
16:17). 예수님이 설명을 못 하시거나 아리송하게 말씀하셔서

가 아니었다. 제자들의 귀가 막혀있었기 때문이다. 자기들의 생각이 귀마개 역할을 단단히 하고 있었다. 귀가 막힌 제자들이 생각했다.

무슨 말씀이냐 무엇을 말씀하시는지 알지 못하노라 하거늘
요 16:18 하

다행인 건 예수님이 제자들을 포기하지 않으셨다는 점이다. 제자들이 바뀔 때까지 목양하셨다. 끝까지 설명해주셨다. 귀가 트일 때까지.

우리가 지금에야 주께서 모든 것을 아시고 또 사람의 물음을 기다리시지 않는 줄 아나이다 이로써 하나님께로부터 나오심을 우리가 믿사옵나이다 요 16:30

평안할 때까지 일하시는 예수님

오늘날 성경은 장과 절 구분이 있다. 그러나 얼마 전까지만 해도 성경은 한 권의 긴 책으로 별도의 구분 표시가 없었다. 그 성경에서는 예수님이 마가의 다락방에서 제자들과 유월절 식사를 하며 나누신 대화 내용이 한 이야기로 펼쳐진다.

지금의 구분에 따르면 13장에서 17장까지 총 다섯 장인데, 그중 앞의 네 장(요 13-16장)은 예수님이 못 알아듣는 제자들에게 계속 설명하시는 내용이다.

16장 끝부분 두 구절을 보면 기가 막힌다. 예수님의 오랜 설명과 설득 끝에 제자들은 "지금에야" 알아듣겠다며 신앙고백을 한다(요 16:30). 이는 예수님의 말씀에 계속 동문서답하듯 굴었던 제자들이 마침내 깨달음을 얻고, "알겠습니다! 이제 믿습니다!"라며 유레카를 외치는 순간이다. 강의가 성공적이었다는 것이 학생들의 입을 통해 확인되는 대목이다.

그런데 다음 구절이 더욱 기가 막힌다. 14장에서 시작된 '근심'을 종료시키시는 말씀이 나온다.

이것을 너희에게 이르는 것은 너희로 내 안에서 평안을 누리게 하려 함이라 세상에서는 너희가 환난을 당하나 담대하라 내가 세상을 이기었느라 **요 16:33**

선하시고 능력이 많으신 예수님이 제자들에게 하신 말씀은 우리를 향한 것이다. 근심에 대한 답은 이미 가까이 있다. 그것은 예수님, 바로 그분이시다. 이 사실을 설명하기 위해 그분은 시간과 에너지를 아끼지 않으신다. 십자가를 지시기 직전까지 따로 자리를 마련해서 알려주신 분이다.

주님은 당신을 사랑하신다. 그분은 당신을 오래 참으시며, 진리가 들릴 때까지 말씀해주신다. 이미 곁에 있는 진리를 당신이 스스로 발견하고 끌어안을 때까지 기다리신다.

그리고 평안의 해답을 얻는 순간에 그분은 선포하신다. 이미 알려주셨던 답, 그러나 이제야 눈을 뜬 진리를 힘주어 선언하신다.

주님, 저를 용서하소서.

제 안에 제 생각이 가득할 뿐만 아니라

강한 고집 때문에 주님의 말씀을 듣지 않던

저를 용서해주소서.

제 안에는 사견과 제 주장이 가득합니다.

제가 원하는 해결책과 해답을

벌써 다 정해두었습니다.

그래서 저는 귀가 있으나

들리지 않는 상태에 놓여있습니다.

그런 제 귀에도 말씀이 들리게 하소서.

"내가 곧 길이다!"라고 말씀하시는

예수님의 음성이 정확히 들리게 하소서.

제가 듣지 않았을 뿐, 주님은 항상 제게

말씀하고 계셨음을 제 심령이 깨닫게 하소서.

말씀 앞에 서서 듣고 또 들으며

저만의 해답을 포기하고 이렇게 외치게 하소서.

"아멘! 제 생각은 틀렸고 예수님의 말씀이 맞습니다.

예수님이 길이십니다!"

말씀 앞에 화답하며 감사와 찬양을 올리게 하소서.

이 시간, 말씀을 붙들고 다시 기도하오니

들으시고 응답하소서.

평안에 이르는 길은 오직 예수님에게 있습니다.

제가 바라던 방법과 꿈꾸던 길은 틀렸습니다.

예수님만이 길과 진리와 생명 되십니다.

이제 제 생각을 모두 내려놓습니다.

대신 주님의 말씀을 받아들입니다.

제 안에 오셔서, 근심과 불안과 걱정을 몰아내 주시고,

그 자리를 주께서 모두 차지해주옵소서.

더는 제 뜻대로 생각하며 살도록 놔두지 마시고,

주님의 말씀으로 생각과 마음을 채워주셔서

주님만 뒤따르는 새 삶을 살게 하소서.

제게 평안을 충만히 누리게 하시는

예수님의 이름으로 기도합니다, 아멘.

PART 2

평안을
요청하는
인생

하나님,
왜 저를
버리신 겁니까?

돌싱 꽃중년

꽃가루 알레르기가 간지러움과 기침으로 나를 괴롭히던 4월 초, 교회 옆 커피숍에 있는데 그가 20분 늦게 나타났다. 남색 바지와 노란색 셔츠에 하얀 운동화, 당장 골프를 치러 가도 될 것 같은 복장의 그에게서 남자 향수 냄새가 진하게 났고, 그의 눈 밑은 검고 주름져 있었다.

"아이고 목사님~ 기다리시게 해서 죄송합니다."

그의 목소리 톤은 높았지만, 눈빛은 낮고 공허했다. 진심이 담기지 않은 몇 마디가 허공에 사라졌다.

"아닙니다. 저도 온 지 얼마 안 됐습니다. 반갑습니다."

우리는 커피를 한 잔씩 올려놓은 작고 낮고 둥근 테이블을 사이에 두고 마주앉았다. 우리가 앉은 개인 소파는 테이블보다 높았다. 그는 다리를 꼬았고, 나는 예의를 갖췄다.

그는 결혼에 실패한 중년 남자였다. 교회의 한 집사님이 그를 내게 보냈다. 자신의 친동생인데, 꼭 전도를 해달라는 부탁에 응한 자리였다. 커피숍은 넓고 소란스러웠다.

평안을 잃었던 제자들

그날 밤에는 폭풍이 있었다. 남자만 오천 명이 종일 설교를 듣고, 오병이어 사건으로 열광했던 직후였다. 예수님은 자신을 왕으로 추대하려는 무리를 억지로 흩어버리셨고, 제자들은 따로 배에 태워 반대편으로 가게 하셨다(마 14:13-24).

그 배는 물 한가운데 있었다. 그때 위협적인 풍랑이 배를 덮쳤다(마 14:24). 예수님의 열두 제자 중 일곱 명이나 어부 이력이 있었다(요 21:1-3). 그들은 '바다 전문가'인 셈이었다. 그럼에도 감당할 수 없는 광풍에 평안은 사라졌다.

그들이 탔던 배에는 열두 광주리나 되는 예수님이 일하신 증거물이 있었지만 소용없었다(마 14:20). 조금 전까지 예수님과 동행하며 맛보았던 이적이 눈앞에 있었지만, 전혀 도움이 되지 않았다. 오병이어 사건 때만 해도 우쭐했을 제자들은 불가항력적인 폭풍 앞에 무능했고, 두려웠다.

그때 예수님이 오셨다. 물 위를 걸어오셨다. 그리고 명령하셨다.

BGM

꽃중년은 아무 말이 없었다. 커피를 내려다보다가 커피숍 인테리어를 여기저기 뜯어보았다. 나는 커피를 한 모금 마셨다. 그가 먼저 말을 꺼냈다.

"댁이 어디서요?"

나는 짧게 답했다.

"이 동네요."

"아….."

이번에는 그가 커피를 한 모금 마셨다. 또 침묵이 흘렀다. 그러다가 갑자기 여러 질문이 쏟아져나왔다. 내가 누구인지에 대한 물음이었다. 가족 구성원이 어떻게 되는지, 고향은 어딘지, 어느 학교를 졸업했는지, 교회 위치는 어디인지 등을 물어왔다.

나는 그의 질문이 고갈되기를 기다리며 성의껏 답했다. 그리고 두 번째 침묵이 시작되었을 때, 내가 물었다.

"선생님의 라이프 스토리를 좀 들려주세요."

그는 어색하게 웃으며 커피를 한 모금 더 마셨다. 그리고 다리를 바꿔 꼬았다. 커피숍 실내 BGM이 더 크게 들렸다. 베이스가 강조된 하우스 뮤직이었다.

베드로는 예수님을 확인했다. 눈으로 보았고 목소리를 들었다. 그러나 여전히 두려웠다. 이게 다 풍랑 때문이었다. 그에게는 예수님에 대한 기대보다 풍랑이 주는 두려움이 더 컸다.

평안을 잃은 베드로는 예수님을 시험하기로 했다. 그는 이렇게 요구했다.

> 베드로가 대답하여 이르되 주여 만일 주님이시거든 나를 명하사 물 위로 오라 하소서 하니 **마 14:28**

그의 요구에는 단서가 붙었다. 예수님의 명령 "안심하라 나니 두려워하지 말라"에 순종하기를 일단 미뤘다. 대신 조건을 달았다. 그것은 '물 위 걷기 이적을 경험하게 해주시면!'이었다.

베드로의 대답은 불신과 불순종과 교만을 보였다. 예수님을 향한 무시도 있었다. 일단 자신도 예수님처럼 물 위를 걷게 해주신다면 말씀에 순종하겠다는 태도였고, 그것은 죄였다. 예를 들면, 이런 식이었다.

"예수님이 맞는지 아닌지 저는 잘 모르겠어요. 하지만 만약에… 당신이 예수님이 맞다면 제가 물 위를 걷게 해보시겠어요? 한번 말씀해보세요. '오라!'라고 제게 명령해보세요."

이것은 예수님을 의심하며 시험하는 태도였다. 이 요청에 예수님은 굳이 응하실 필요가 없었다. 그저 하나님의 능력으로 베드로를 압도하면 그만이었다. 물을 먹인다든지, 배를 공중에 떠운다든지, 물기둥을 보여준다든지….

그러나 예수님은 베드로를 강압하지 않으셨다. 대신 그의 요청에 응하셨다. 정확히 요청대로 말씀하셨다.

"오라"(마 14:29).

하나님을 향한 원망

힘주어 올린 입꼬리가 보였다. 굳게 다문 것 같기도 했다. 한동안 말없이 커피만 머금던 꽃중년은 곧 침묵을 깼다. 그리고 자신의 이야기를 시작했다.

처음에는 심드렁하게 이야기를 꺼냈지만, 점차 그의 목소리에 힘이 실리기 시작했다. 그는 자신의 이야기를 한 시간 동안 내게 들려주었다. 그는 이야기를 하면서 다음 세 가지 포인트를 강조했다.

● 추억으로만 존재하는 신앙

그는 자신이 한때 신앙인이었음을 강조했다. 군대에서 예수님을 만난 이야기부터 꺼냈다. 그리고 제대 직후 동네 작은 교회에 출석했고, 그곳에서 청년부 회장까지 맡았고, 교회 자매

중에 연애 직전까지 갔던 사람에 대한 이야기도 했다. 그런데 결국 회사에서 만난 불신자와 결혼했고, 신앙생활은 그 이후로 점차 안 하게 되었다고 했다.

● 추억으로만 존재하는 성공

또한 그는 자신이 한때 얼마나 잘나갔었는지를 강조했다. 결혼 직후 아내의 권유로 시작한 사업이 대박이 나면서 그는 우쭐했다. 날마다 번창하면서 계약처도 늘었다. 그러면서 만난 계약 관계에 있는 다른 업체 여사장과 바람을 피웠다. 그리고 불륜 사실을 알게 된 아내의 소송으로 위자료를 왕창 물고 이혼을 당했다. 그 둘 사이에는 중학생 딸이 한 명 있었다.

● 하나님을 원망하는 현재

마지막 강조점은 하나님에 대한 불만이었다. 그의 표현에 따르면, 이혼 후 사업에 망조(亡兆)가 들었다고 했다. 하는 일마다 잘 안 됐고 투자한 것마다 마이너스였다. 특히 불륜 관계에 있던 여사장과 함께 투자했던 사업이 망하면서 그는 날마다 취해 지냈다. 그리고 하나님을 원망했다.

스트레스와 실패감과 우울감을 모두 신앙 기억에 의존해서 불평으로 하나님께 쏟아냈다. 그러다가 친누나가 복음을 전했고, 꽃중년은 목사를 만나서 한번 물어보고 싶었다고 했다.

"하나님, 왜 저를 이렇게 망하게 하셨나요?"

베드로의 비명

꽃중년이 마지막 질문을 던졌을 때, 성령께서 내 눈을 밝혀 주셨다. 그의 질문에는 겉으로 드러나지 않는 심연이 있었다. 그곳에 심한 죄책감이 똬리를 틀고 조금씩 꿈틀대며 자신의 영역을 넓히고 있는 것만 같았다.

꽃중년의 죄책감은 두려움으로 나타나고 있었다. 자신이 하나님께 죄를 지었기 때문에 저주를 받았다는 확신 가운데 좌절하고 있었다. 이런 두려움과 좌절감은 그를 자포자기하게 했고, 하나님을 비롯한 모든 선한 것에 대한 회의와 공격성까지 갖게 했다.

그런 상태에서 회개 요청이 들릴 리가 없었다. 그에게는 먼저 위로가 필요했다. 저주 가운데 있다는 믿음에서부터 자유할 필요가 있어 보였다. 나는 그에게 물에 빠져가는 베드로 이야기를 들려주었다.

오라 하시니 베드로가 배에서 내려 물 위로 걸어서 예수께로 가되 바람을 보고 무서워 빠져 가는지라 소리 질러 이르되 주여 나를 구원하소서 하니 마 14:29,30

"보세요. 이렇게까지 예수님을 불신하며 무시하고, 시험하며 마지막 순간까지 예수님이 아닌 바람을 보려 노력하는 베드로를 보세요."

나는 그에게 오병이어 사건부터 시작해서 물에 빠진 베드로가 구원하러 오신 예수님 대신 환경을 보며 더욱 어려운 상황에 직면하게 된 이야기를 들려주었다. 그리고 물었다.

"베드로가 마지막으로 외쳤어요. '주여, 나를 구원하소서!'라고요…. 이제 제가 정말 중요한 것을 여쭐게요."

이야기하는 동안 성령님이 역사해주셨다. 그는 성경 이야기를 듣는 동안 베드로와 자신을 동일시했다. 그리고 정말 중요한 질문이라는 나의 말에 눈빛을 피하며 고개를 떨구었다. 대신 그의 귀는 쫑긋했다. 그 귀에 내가 물었다.

"그래서 예수님은 베드로를 버리셨나요?"

"네?"

"이렇게 불신, 무시, 좌절, 공포에 빠져 마지막 단말마의 비명으로 살려달라 외치는 베드로를 예수님이 저주하셨냐고요!"

"…."

부끄러움

그는 말이 없었다. 설명하지 않은 부분까지 이해하는 듯했다.

그리고 울기 시작했다. 중년의 아저씨가 사람 많은 커피숍에서 체면을 잊고 눈물 콧물을 냅킨으로 닦아댔다.

나는 잠시 화장실로 자리를 피했다. 손을 씻으며 기도했다.

'주님, 부끄럽습니다. 남자 둘이 두 시간이나 진지하게 대화하다 한 명이 울기 시작했습니다. 하나님의 역사하심이 감사합니다. 하지만 저는 이 상황을 보며 오해하는 사람이 이곳에 있을까 봐 부끄럽습니다. 그러니 어서 이 아저씨가 눈물을 거두고 제가 업무로 돌아갈 수 있도록 간섭해주세요….'

화장실에서 나와 카운터로 갔다. 나는 직원에게 말했다.

"물티슈 좀 주세요."

직원이 물었다.

"네, 고객님. 몇 개 필요하세요?"

나는 꽃중년이 앉아있는 테이블 쪽을 봤다. 그는 이미 눈물을 멈추고 창밖을 쳐다보고 있었다. 표정이 한결 편해 보였다. 직원에게 다시 말했다.

"아네요. 안 주셔도 될 것 같아요."

커피숍은 넓고 직원들은 바빴다. 매장 손님들은 소란했고, 꽃중년은 말이 없었다.

예수님은 누구신가

마태복음 14장을 요약하자면, 베드로는 예수님을 다시 만났다. 전에 이미 만났으나 여전히 그분이 누구신지 모른 채 따라다니던 그가 어느 날 예수님의 신성(神性)을 보았다.

그날 저녁은 예수님이 달라 보였다. 그분이 떡 다섯 개와 작은 물고기 두 마리로 남자만 오천 명이나 먹이셨을 때였다. 여자와 아이들까지 합치면 이만 명은 족히 되는 군중이 다 배불리 먹는 모습을 직접 본 것이다.

이적을 경험하며 음식을 배불리 받아먹은 군중은, 예수님에게 열광했다. 그들은 예수님을 '정치적 메시아'로 여겼고, 왕으로 추대하려고 떠들썩했다. 제자들도 군중의 열기에 휩싸이기 직전이었다.

그때 예수님은 제자들을 보호하셨다. 무리를 흩고 제자들을 격리시키셨다. 그리고 시험하셨다. 시험 문제는 '예수님은 누구신가?'였다. 이 문제를 풀 장소는 예수님이 없는 시커먼 풍랑 위였다. 그곳은 위태로웠지만 홀로 예수님에게 집중할 수 있는 최적의 장소였다.

예수님은 제자들이 스스로 그 시험에 통과하기를 바라셨다. 그래서 결정적인 힌트도 주셨다. 조금 전 경험한 오병이어 사건을 떠올릴 수 있는 물건들을 배에 들고 타게 하셨다.

마 14:20

열두 바구니였고, 열두 제자였다. 제자들은 각각 한 광주리씩 기적의 증거물을 가지고 배에 올랐음이 틀림없었다. 열두 광주리는 이적의 증거였다. 예수님이 하나님이심을 보여준 이적을 기억해내기에 가장 좋은 증거품이었다.

그럼에도 제자들은 예수님이 누구신지를 잊었다. 배가 순항하는 동안에도 잊었고, 풍랑 중에도 잊고 있었으며, 결정적으로 예수님이 코앞에 오셔서 '오병이어급 이적'을 또 베푸셔도 기억하지 못했다.

'예수님은 누구신가?'

시험 문제는 정말 쉬웠다. 오병이어 이적을 경험한 지 채 몇 시간이 지나지 않은 때라 식은 죽 먹기였다. 최신효과(가장 최근에 제시된 정보를 더 잘 기억하는 현상)에 따라서 모두 통과할 수 있는 문제였다.

마치 시험 시작 직전에 마지막으로 훑어본 기출문제가 곧바로 시험지 위에 적혀있는 형국이었다. 곧바로 정답을 맞힐 수 있는 문제였다.

믿음이 작은 자의 고백

그러나 제자들은 틀렸다. 그들은 무지했고, 두려웠고, 연약했다. 그러나 베드로가 기억해냈다. 물에 빠져가는 마지막 호흡의 순간에 답이 생각났다.

"그분은 하나님이시고 구원자시다. 그분은 어떤 풍랑 가운데서 뿐만 아니라, 죽음에서도 나를 건지실 분이시다!"

이미 알고 있던 사실이 정리되자 그는 믿음으로 소리를 질렀다.

바람을 보고 무서워 빠져 가는지라 소리 질러 이르되 주여 나를 구원하소서 하니 마 14:30

이때 예수님은 베드로를 구원하셨다. 살리셨다. 주님은 연약하며 실패를 반복하고 동시에 무지하기까지 한 베드로를 "즉시" 건져내셨다. 그리고 말씀하셨다.

예수께서 즉시 손을 내밀어 그를 붙잡으시며 이르시되 믿음이 작은 자여 왜 의심하였느냐 하시고 마 14:31

예수님은 베드로를 사랑하셨다. 그에게는 대단한 믿음이 없었지만, 죽음 직전에라도 예수님이 누구신지를 기억해내고 구원을 호소할 믿음 정도는 있었다. 그는 "믿음이 작은 자여"라는 호칭을 들으며 혼났지만, 그 속에는 그만한 믿음이라도 있다는 격려가 들어있었다.

베드로는 그가 한 일에 대해 저주받지 않았다. 버림받지도 않았다. 오히려 적은 믿음으로 구원받았다. 그는 살았다. 물 위를 예수님과 함께 걸어본 이력과 함께 그분 앞에 다시 엎드렸다. 배에 있던 다른 제자들도 베드로와 함께 엎드렸다.

배에 함께 오르매 바람이 그치는지라 배에 있는 사람들이 예수께 절하며 이르되 진실로 하나님의 아들이로소이다 하더라

마 14:32,33

평안을 위한 기도문

주님, 사랑하고 또 사랑합니다.

저는 몸 둘 바를 모르겠습니다.

제게 얼마나 믿음이 없었는지 모릅니다.

게다가 또 얼마나 비겁한지요.

저는 죄의 결과를 두려워하면서도

큰 믿음이 없는 상태에 대한 불편은 없었습니다.

제게 있는 믿음은 너무 작아서 보이지도 않습니다.

다만 오래전 예수님이 제게 찾아와 주셨던 기억,

잠시나마 뜨겁게 신앙생활 했던 한때의 추억만 있습니다.

그러나 여전히 주님이 주신 은혜에

걸맞지 않게 제 맘대로 살았습니다.

그러다가 평안을 잃는 지경까지 왔고,

베드로처럼 물에 빠져가는 상황까지 벌어졌습니다.

그러나 주님, 모든 죄와 저주를 끊기 위해

죽으시고 부활하신 예수님!

저도 주님의 이름으로 담대히 선포하며

작은 믿음이나마 발휘하여 소리칩니다.

주여, 나를 구원하소서!

주여, 나를 구원하소서!

주여, 나를 구원하소서!

이 불안과 공포와 죄책으로부터,

죄와 그 결과로부터 꺼내주소서!

제 안에 있는 온갖 두려움과 어둠,

각종 불안 증세로부터 건져주소서!

주 앞에 엎드려 절하며, 다른 제자들과 함께

주님을 경배하게 하소서.

죄책을 모두 해결하신 예수님의 십자가에 함께 못 박히고,

다시 부활하신 예수님과 함께

생명을 얻었다는 믿음을 회복시켜주소서.

주님을 온전히 경배하는 평안을 주소서.

저를 버리지 않으시고, 끝까지 은혜를 베푸시며

회개와 찬양으로 인도하시는

예수님의 존귀하신 이름으로 기도합니다, 아멘.

저를 향한
하나님의 뜻은
뭔가요?

꽃중년의 마지막 질문

다행히 꽃중년의 울음은 끝나 있었다. 꾸민 표정도 사라졌다. 잠시 자리를 피했던 내가 다시 자리에 앉자 그가 진지하게 물었다.

"목사님, 제가 어떻게 해야 할까요?"

"예수님 믿으셔야지요."

"네, 그런데 제가 아직 교회는 나갈 수가 없어요."

그동안 들어온 그의 이야기 때문에 이해가 되었다. 그는 심약한 상태였고, 새로 만나게 될 교회 사람들이 자신의 실패를 알게 될까 두려워하는 눈치였다. 나는 말을 이었다.

"아니요. 하실 수 있어요. 제 말은, 예수님을 믿으실 수 있다고요. 지금껏 '왜?'라는 질문을 무의식적으로나마 하나님을 향해 계속 던지고 계셨잖아요?"

나는 그에게 예수님을 믿는다는 것이 무엇이며, 어떻게 다시 신앙생활을 시작할 수 있는지 설명했다. 그는 내 설명 중에 궁금한 부분을 되물었고, 그 자리에서 성경책을 주문했고, 약간의 기도 연습도 함께하게 되었다.

약속한 시간이 다 되어, 나는 다음 스케줄을 위해 일어났다. 커피숍을 함께 나서는데, 그가 마지막으로 내게 물었다.

"목사님, 저를 향한 하나님의 뜻은 무엇일까요?"

들려주고 싶은 말씀들이 연달아 머릿속에 밀려들었다. 짧게 답하기가 아쉬운 좋은 질문이었다. 그러나 선약 때문에 나는 그를 보내야 했다. 마지막으로 대답했다.

"오늘 주문하신 성경책이 언제 도착할까요?"

"네? 아, 내일 아침에 올걸요."

"그럼, 내일 아침 도착한 성경책을 펼쳐 들고 질문하며 읽어 보세요. '하나님, 나를 향한 당신의 뜻이 무엇입니까?'라고요. 기도로 질문하며 읽으셔야 해요."

"아, 네."

나는 그가 스스로 잘해내기를 바랐다. 또 성령님이 그에게 교사가 되어주실 것이 믿어졌다. 느린 걸음으로 돌아서는 그에게 카톡으로 힌트도 보냈다. 성경 구절이었다.

내가 네 허물을 빽빽한 구름의 사라짐같이, 네 죄를 안개의 사라

안개같이 도말하였으니 너는 내게로 돌아오라 내가 너를 구속하였
음이니라 **사 44:22 개역한글**

죄인을 향한 하나님의 뜻 세 가지

꽃중년과 헤어진 후 다음 일정은 청소년 집회 설교였다. 카
페에서 약속 시간을 조금 넘긴 탓에 서둘렀다. 서울역까지 한
시간 안에 가서 KTX를 타야 했다.

검암역에서 공항철도를 탔다. 이동 중에도 꽃중년의 마지막
질문 앞에 밀려왔던 생각들에서 빠져나오지 못하고 있었다. 결
국 노트북을 열고 타이핑을 시작했다.

하나님이 누구신지 아는 방법 중 하나는 그분을 잘 아는 사람의
이야기를 들어보는 것이다. 그러나 충분치 않다. 이보다 더 확실
한 방법이 있다. 그것은 하나님을 직접 대면해서 그분 자신의 이
야기를 듣는 것이다.

당신에게는 성경책이 있다. 그 책은 문자로 기록된 하나님의 말
씀이다. 성경을 펼쳐 들면 하나님의 말씀을 직접 들을 수 있다.
성경을 설명하는 사람의 이야기나 관련 서적을 읽는 것보다 더욱
분명한 방법이다. 하나님이 죄인을 향해 어떤 뜻을 가지고 계신
지도 알 수 있다.

죄를 도말하시는 하나님

이렇게 적어나가는데, 마음에 성경 요절들이 쏟아져 들어왔다. 그중에서도 다음 두 구절은 너무 선명해서 마치 실제로 들리는 소리 같았다.

나 곧 나는 나를 위하여 네 허물을 도말하는 자니 네 죄를 기억하지 아니하리라 **사 43:25**

내가 네 허물을 빽빽한 구름의 사라짐같이, 네 죄를 안개의 사라짐같이 도말하였으니 너는 내게로 돌아오라 내가 너를 구속하였음이니라 **사 44:22 개역한글**

많은 사람이 신약과 구약을 서로 다른 책인 것처럼 여긴다. 예를 들어 구약은 얄짤없이(?) 심판하시는 서슬 퍼런 하나님 이야기이고, 신약은 무조건적인 희생과 사랑과 은혜로 구원하시는 핑크핑크한(?) 예수님 이야기라고 착각한다.

물론 이런 생각은 사실이 아니다. 신구약은 서로 다르지 않다. 한 권의 책이고 같은 이야기를 하고 있다. 예수님이 곧 하나님이시고(요 1:1-3, 골 1:14-17), 성경은 모두 예수님에 관한 이야기다(눅 24:44).

예수님은 십자가 죽으심을 통해 우리의 죗값을 대신 내주신 구원자시다. 그분 안에는 하나님의 심판과 사랑이 둘 다 완벽하게 들어있다. 하나님은 심판주이실 뿐 아니라 구원자시라는 메시지가 구약과 신약에 한목소리로 담겨있다.

이런 심판과 구원의 양면성이 잘 드러나는 책이 바로 선지서다. 선지자들을 통한 하나님의 말씀에는 공통점이 있었다. 그들은 하나같이 하나님의 심판을 선포하며 회개를 촉구했다. 또한 회개치 않고 망하게 되더라도 하나님은 결국 구원하시고 회복시키실 거라는 약속의 선포도 함께였다.

선지서를 대표하는 인물 중 하나가 이사야다. 그는 성전에서 소명을 받아 예루살렘에서 사역했다(사 6:1-8). 하나님께서는 그를 통해 구약 역사의 중심지에서 선포하셨는데, 북 이스라엘과 남 유다, 그리고 세계의 심판에 대해서뿐 아니라 그리스도를 통한 구원과 신약교회, 끝으로 예수님의 재림과 그 이후까지 말씀해주셨다.

처음 떠올랐던 두 개의 요절은 이사야서 중간에 있는 말씀으로, 그 내용은 하나님이 누구신지에 대한 설명이다. 그분은 죄를 도말하시며 기억하지 않기로 작정하신 분이다. 왜? 그 이유는 죄인이 하나님께 회개하고 '돌아오기를' 원하시기 때문이다.

여기에 하나님의 의도가 있다. 죄인을 향한 그분의 뜻은 죄인을 되찾는 것이다. 강산은 바뀌어도 하나님은 불변하신다. 그분은 지금도 당신의 회복을 원하시고 또 원하신다. 그분에게는 당신을 되찾고자 하는 열망이 있으시다. 심지어 당신이 지은 죄에 대한 저주를 하나님이 대신 짊어지기까지 하실 정도로 말이다.

하나님의 뜻은 '회복'에 있다. 그분이 원하시는 건 단 하나, 하나님을 떠난 죄인이 죄와 그 결과들에서 돌이켜 돌아오는 것이다. 집 떠난 둘째를 기다리는 아빠의 심정과 같다.

그러므로 우리가 할 일도 생각만큼 어렵거나 복잡하지 않다. 눈앞에 어지럽게 펼쳐진 죄의 결과물들을 보며 저주받을 걸 예상하거나 두려워할 필요가 전혀 없다.

그저 말씀에 써있는 대로, 힘 빼고 돌아서기만 하면 된다. 집 나간 자식이 어느 날 집에 돌아가기로 결정하고 걸음을 돌이키듯 성경 말씀으로 돌아가면 된다. 기도와 찬양의 자리로 돌아오기만 하면 된다.

다시 예수님의 이름을 부르기 시작하면 된다.

구원받기를 원하시는 하나님

그다음 떠오른 말씀은 신약의 한 구절이었다. 하나님이 무엇을 원하시는지를 직접적으로 보여주는 부분이다.

어떤 죄인이 '하나님이 나를 심판하길 원하신다'라고 생각한다면, 그것은 틀린 생각이다.

진실은 말씀에 있다. 위 구절 그대로다.

"하나님은 모든 사람이 구원을 받으며 진리를 아는 데에 이르기를 원하신다!"

예수님은 소수의 신앙인의 죄만 짊어지신 분이 아니다. 그분은 "세상 죄를" 모두 짊어지고 죽으신 분이다. 하나님 앞에서 우리의 죄를 대신 속죄하는 제물이시다(요 1:29).

그분은 신자들의 죄뿐만 아니라 모든 불신자의 죗값까지 이미 다 지불하신 분이다. 사도 요한을 통해 주신 말씀을 들어보라.

"그는 우리 죄를 위한 화목제물이니 우리만 위할 뿐 아니요 온 세상의 죄를 위하심이라"(요일 2:2).

예수님의 죽으심에 값을 매겨보라. 얼마인들 그 값어치를 매길 수 있을까? 그분의 죽으심은 이 세상 무엇으로도 가치를 따질 수 없다.

온 세상의 모든 죄인은 죗값을 훨씬 상회하는 비싼 가격을 지불하신 구원자를 통해 유일한 구원의 길을 얻었다. 그 구원은 공의의 하나님 앞에 이미 충분한 죗값을 완불하고 얻은 선물이다. 그런데 대부분의 죄인은 이 선물을 아예 받아들이지 않고 살아간다. 평안이 없는 상태를 이상히 여기지 않고 그저 숙명으로 떠안은 채 말이다.

혹시 상한 음식을 아깝게 버려본 일이 있는가? 나는 한우 두 팩을 버려본 적이 있다. 누군가가 선물 택배로 보내왔는데, 하필 그때 외국 일정이 있어서 집을 일주일이나 비워야 했다. 집에 돌아와 택배 상자를 열었을 때는 이미 악취가 가득했고 포장이 막 뜯긴 한우는 음식물 쓰레기통으로 들어갔다.

그때 느낀 안타까움과 아쉬움은 아직도 진하게 남아있다. 물론 상한 냄새가 진했던 기억 때문일 수도 있겠지만…. 그러니까 내가 하고 싶은 말은 비싼 선물을 받아놓고 잊고 지내면 얼마나 아깝냐는 것이다.

한낱 한우 두 팩도 못 먹고 버리면 그렇게 아까운데, 복음은 얼마나 더 아까운가! 이미 받은 선물, 세상에서 가장 비싸고 귀한 구원, 하나님의 은혜와 사랑이 충만히 들어있는 이 평안의 소식은 꼭 받아들여야 한다. 나중에 심판대 앞에 서서 그제야 복음의 진리를 깨닫는다면 그때는 구원받기에 너무 늦다.

하나님이 주신 구원은 모두를 위한 것이다. 모두의 죗값을 완불하신 상태다. 이 구원은 매일 살아 숨 쉬며 부활의 생명력으로 가득 차있다. 이 '복음 선물'이 지금 당신의 마음 문 앞에 놓여있다. "택배 왔어요!"처럼 연신 "나는 저주가 아닌 네 구원을 원한다!"라고 외치고 있다.

> 볼지어다 내가 문밖에 서서 두드리노니 누구든지 내 음성을 듣고 문을 열면 내가 그에게로 들어가 그와 더불어 먹고 그는 나와 더불어 먹으리라 계 3:20

이것이 하나님이 원하시는 것이다. 당신이 구원받기를, 그 구원을 위해 얼마나 비싼 가격을 완불했는지 알게 되기를, 이 진실에 눈뜨기를.

용서하시는 하나님

그다음으로 떠오른 것은 예수님 자신의 말씀이다. 예수님은 죄인들을 향하신 하나님의 용서를 들고 오셨다. 그분의 말씀을 먼저 들어보자.

> 그때에 베드로가 나아와 이르되 주여 형제가 내게 죄를 범하면 몇 번이나 용서하여 주리이까 일곱 번까지 하오리이까 예수께서 이르시되 네게 이르노니 일곱 번뿐 아니라 일곱 번을 일흔 번까지라도 할지니라 마 18:21,22

예수님은 당신을 사랑하신다. 그래서 당신이 죄로 인해 심판받을 운명으로 죽음을 향해 살며, 평안을 잃은 인생으로 일관하는 모습을 놔두지 않으신다.

그러나 그분의 안타까움에는 강압이 없기에 그리스도께서 주시는 말씀에 대한 '선택권'을 당신에게 허용하신다. 받아들이지 않는 상태를 오래 참고 기다리고 또 기다리시며, 그리스도와 일치하지 않는 모든 것을 회개하고 돌아오기를 원하신다.

그분의 마음에는 용서가 가득하다. 위 요절을 보라. 형제의 죄를 "일곱 번을 일흔 번까지라도"(이는 무한정 용서하라는 뜻의 관용적 표현이다) 용서하라고 하신 예수님 아니신가.

그분은 겉과 속이 다른 분이 아니시다. 그분의 말씀이 곧 그분의 존재고 마음이다. 무한한 용서를 요구하신 예수님은 무한한 용서를 언제나 행하신다. 만약 당신이 그분의 말씀을 가감 없이 믿는다면, 평안의 길이 열린다. 용서하시는 그리스도께 용서를 구하기만 하면 된다.

나도 안다. 하나님을 떠나온 세월이 길면 길수록 자신의 죄를 스스로 해결하고자 하는 마음이 있다는 것을. 그리고 단지 용서를 구함으로써 용서받을 수 있는 쉬운 길조차 자해하는 마음으로 받아들이지 않으려 한다는 것도. 그렇게 스스로를 벌하려는 의지를 갖고 있다는 것까지. 나는 안다.

하지만 그런 어두운 생각들은 모두 진실이 아니다. 느낌일

뿐, 성경 법에 위배되는 불법적 사건일 뿐이다. 게다가 당신의 목소리도 아닌, 사단의 참소다. 그러니 말씀대로 행하자. 하나님의 말씀을 믿으며 담대히 요청해보자.

"주여, 나를 용서하소서! 주여, 나를 구원하소서!"

이것이 하나님이 원하시는 것이다. 저주와 심판의 주께서 당신을 용서하기를 원하신다. 물에 빠져 외치는 베드로의 간절한 구원 호소보다 더 큰 소리로, 하나님이 먼저 원하신다.

그러므로 우리가 그리스도를 대신하여 사신이 되어 하나님이 우리를 통하여 너희를 권면하시는 것같이 그리스도를 대신하여 간청하노니 너희는 하나님과 화목하라 **고후 5:20**

평안을 위한 기도

용서의 주님, 이 시간 회개하오니

저를 용서해주옵소서.

저는 오랜 시간 하나님을 떠나있었습니다.

주님이 주신 은혜와 감동의 기억은 있지만,

모두 희미한 추억일 뿐이었습니다.

그럼에도 주님은 오랜 시간 동안 여러 번

제게 하나님의 사람들을 보내셨고,

회개로 인도하셨으며, 신앙 회복을 촉구하셨습니다.

다시 말씀을 펼치고 뒤돌아보면 한순간도

하나님은 제 곁을 떠난 적이 없으셨습니다.

제 마음 문 앞에서 지내시며,

매 순간 두드리고 계셨습니다.

자격 없는 죄인이 주님의 은혜를

기억하며 엎드려 구하오니

주여, 저를 용서해주옵소서.

주님을 떠나있던 세월을, 제 고집을

모두 용서해주옵소서.

제 죄를 도말하시고, 주님 마음에 합한 사람으로

이 시간 새롭게 바꿔주옵소서.

저를 이대로 두지 마시고,

제게 평강을 회복시켜주옵소서.

저는 고개를 들 수 없으나,

예수께서 이미 제 죗값을 십자가에서 치르셨으니,

그분을 믿음으로 담대히 기도합니다.

주여, 나를 사하시고, 깨끗게 하시고, 새롭게 하소서.

넘치는 평강으로 제 마음을 가득 채워주소서.

사랑으로 희생하시고, 무한한 용서로 다가와 주신

예수님의 이름으로 기도합니다, 아멘.

성경에서
가장 안심이 되는 말씀
하나만
알려주시겠어요?

하나님이 세상을 이처럼 사랑하사 독생자를 주셨으니
이는 그를 믿는 자마다 멸망하지 않고
영생을 얻게 하려 하심이라

요 3:16

서울역

그날 오후, KTX 탑승 플랫폼에 간신히 도착하자 기차는 출발 직전이었다. 앞서 꽃중년과의 대화가 길어지는 바람에 여유가 없었다. 한숨 돌리며 시계를 보고 도착 시간을 점검했다.

내 자리는 3호차 3C. 착석하자마자 다시 노트북을 꺼내 들었다. 지하철에서 적어둔 내용을 내 블로그에 올렸다. 그리고 '설교 노트' 폴더를 열었다. 기차에서 곧 출발한다는 안내 방송이 나오고 있었다.

영혼을 위한 기도

목적지는 동대구역, 도착까지는 한 시간 오십 분이 걸렸다. 그날 밤 청소년 집회 설교를 위해 미리 준비해둔 설교 노트를 펼쳤다. 눈으로 한 번 더 노트를 살펴보았다. 입으로는 말씀을 듣게 될 영혼들을 위해 중얼거리며 기도했다.

"주님, 오늘 밤 만나게 될 아이들을 축복합니다. 말씀을 전하는 가운데 역사해주세요. 아이들에게 말씀이 들리게 하시고, 깨달아지게 하시고, 회개하며 새로워지게 하옵소서.

'하나님의 나라는 말에 있지 아니하고 오직 능력에 있음이라'(고전 4:20). 이 말씀대로 주님께서 일하시고 이뤄주시며 제 입술에서 나오는 이야기가 '말'이 아닌 '능력'이 되게 하소서.

성령의 소멸하는 불로 제 심령을 깨끗게 하사 제가 깨끗한 도구, 깨끗한 말씀 통로가 되도록 역사하옵소서. 거룩의 능력을 먼저 주옵소서.

또한 만나게 될 청소년들에게 하나님나라의 능력을 전해주셔서 한 명도 빠짐없이 그 능력을 체험케 도와주옵소서. 주님, 오늘 밤 집회에 역사해주옵소서.

성령 하나님, 주님의 말씀이 아이들의 심령에 새겨지게 하소서. 말씀 전달자인 제게 천국의 능력과 성령충만함을 허락하시고 심령에 큰 평안을 주옵소서.

특히 설교자의 온갖 인간성을 말씀 뒤에 감춰주옵소서. 십자가 뒤에, 보혈 뒤에, 부활의 생명력 뒤에 온전히 숨겨주시고 오직 말씀의 능력만 나타나게 하소서. 역사하소서, 우리에게 역사하소서…."

나는 달리는 기차 안에서 설교 준비를 이어갔다. 설교 노트를 눈으로 한 줄씩 재확인하며 기도했다. 노트 위로 잠시 후 만날 청소년들이 보이는 것만 같았다.

기도는 깊었다. 객실은 조용했다.

복음을 전해주세요

기차는 어느새 대전을 지나고 있었다. 나를 초청한 주일학교 선생님 한 분이 떠올랐다. 두 달 전, 그가 내 SNS 계정으로 문자를 보내왔다. 자신이 아끼고 사랑하는 아이들의 이야기를 구구절절 적어 보내며 꼭 한 번 와서 메시지를 전해달라고 간곡히 부탁했다. 약속을 잡기 위해 처음 통화했을 때가 생각났다. 그의 목소리는 크고 간절했다.

"목사님, 박 집사입니다. 바쁘실 텐데 시간 내주셔서 정말 감사합니다!"

첫 통화에 형식적인 인사말이 오갔다.

"아이고, 아닙니다. 오히려 초대받아서 제가 영광이고 감사하지요."

나는 첫 통화가 어색해서 관용적인 인사말로 대답했다. 이를 눈치챘는지 집사님이 더욱 큰 목소리로 말했다.

"그런 말씀 마세요, 목사님. 일단 여기, 저희 선생님들이 열

심히 기도하고 있습니다! 목사님도 바쁘시겠지만, 저희 아이들을 위해서도 기도 좀 많이 해주세요. 이번에 오시면 무엇보다 복음을 뜨겁게, 화끈하게 좀 전해주시면 좋겠습니다!"

열정이 담긴 그의 목소리에 나도 덩달아 가슴이 뜨거웠다. 내가 물었다.

"하하, 집사님의 열정이 대단하시네요. 알겠습니다. 혹시 청소년들에게 꼭 들려줘야겠다 싶은 말씀이 있다면 어떤 부분일까요?"

집사님은 주저하지 않고 기다렸다는 듯이 대답했다.

"아! 말씀이요? 다른 게 뭐가 있겠습니까? 아이들은 복음이 필요합니다, 복음요. 하나님이 세상을 이처럼 사랑하사 독생자를 주셨으니! 이 말씀이 필요합니다!"

세상을 '이처럼' 사랑하사

그와 통화를 마치자마자 나는 눈을 감고 기도했다. 가슴이 뜨거웠다. 나는 설교자다. 복음을 전할 수만 있다면 거리로라도 나갈 것이었다. 그런데 누군가 내게 설교를 열정적으로 부탁해왔고, 내가 말씀을 전할 곳은 '교회'였다. 복음을 듣겠다는 사람들과 그들을 사랑하는 사람들의 따뜻한 초청을 받다니, 감사했고 감동했다.

기도하는 마음으로 성경을 펼쳐 들었다. 읽고 또 읽었다. 요한복음 3장 16절.

"하나님이 세상을 이처럼 사랑하사…."

반복해서 읽는 동안 단어가 새롭게 보였다. 가장 먼저 눈에 띈 건 '사랑의 대상'이었다. 나는 혼잣말을 했다.

"하나님이 세상을 사랑하십니다! '세상'은 대집합입니다! 그 안에 이 교회의 청소년들, 어린 심령들도 다 들어있습니다! 하나님께서 이 아이들을 사랑하십니다!"

말로 풀면서 또 하나의 성구가 떠올랐다.

땅과 거기에 충만한 것과 세계와 그 가운데에 사는 자들은 다 여호와의 것이로다 시 24:1

하나님은 당신이 직접 만드신 세상의 주인이시며 그의 애인이시다. 그분은 세상을 사랑하신다. 피조 세계가 창조주의 사랑을 받고 있다. 그 안에는 모든 사람이 포함된다. 예외는 없다. 물론 이 사랑은 이 책을 읽는 당신에게도 동일하다.

이 사랑이 어느 정도의 사랑인지를 말씀이 보여준다.

"이처럼."

아빠, 나를 얼마큼 사랑해?

'이처럼'이라고 하면 떠오르는 일화가 있다. 처음 교회 개척을 할 때였다. 그때는 귀가가 늦었다. 종일 홍대 지역에 있었다. 오전에는 커피숍에서 독서와 설교 준비를 했고, 오후에는 거리를 돌아다니며 기도와 전도를 했고, 밤이면 성경공부 모임이나 심방을 했다. 그러고서 집에 돌아오면 열 시를 넘기기 일쑤였다. 첫째 딸 예진이가 여섯 살 때였다.

예진이는 매일 늦은 시간까지 안 자려고 버텼다. 이유는 자기 전에 아빠를 보려고. 나를 보고 싶어 하는 딸의 마음을 확인할 때마다 뭉클했다. 한편으로는 안타까웠지만, 다른 한편으로는 행복했다. 나도 사랑하니까. 내가 더 사랑하니까!

나는 예진이와 밤마다 게임을 했다. '얼마큼 게임'이었다. 이 게임은 내가 집에 도착하면 아이가 현관으로 뛰어나오며 시작되었다. 아이가 물었다.

"아빠, 아빠! 날 얼마큼 사랑해?"

'얼마큼 게임'은 내가 이렇게 대답하면 지속되었다.

"웅! 아빠는 예진이를 이만~큼 사랑해!"

나는 양손을 힘껏 펼쳐 들어 둥근 원을 그리며 대답했다. 그러면 아이는 그 뭉툭한 팔로 더 큰 원을 그리기 위해 방 안을 한 바퀴 돌며 외쳤다.

"이만~~큼?!"

그러면 나는 아까보다 더 큰 원을 그렸다. 거실에서 안방까지 양손을 펼쳐 올리고 한 바퀴 돌며 다시 대답했다.

"아니! 이만~~~큼!"

그렇게 반복되었다.

매번 우리는 온 집안을 휘젓고 다니며 얼마큼 게임을 했다. 요한복음 3장 16절에서 이야기하는 사랑의 크기, "이처럼"도 이와 비슷하다.

"얼마큼?"

"이만큼!"

다시 말해, "이처럼"이다.

하나님은 세상을 이처럼 사랑하신다. 그분은 당신을 사랑하신다. 그 크기는 말로 다 표현할 수 없을 정도다. 부모가 자식을 얼마나 사랑하는지 말로 다 표현할 수 없는 것처럼. 아니, 그마저도 비할 바 못 된다.

하나님은 당신을 향한 자신의 사랑을 지금도 표현하고 계신다. 당신은 그 사랑을 매번 더 확인하고 싶어 한다. 그런 자녀에게 하나님께서 애정 어린 표현을 하신다.

"하나님, 저를 얼마큼 사랑하시나요?"

"이~~~처럼!"

독생자는 얼마짜리인가?

내가 고등학교 다닐 때는 문과와 이과가 나뉘어 있었다. 문과는 표현에 능했고, 이과는 수에 밝았다. 문과는 문학적이며 감성적이었고, 이과는 수리적이며 이성적이었다. 하지만 누구도 완벽히 '문과적'이거나 '이과적'이지는 않았다. 어느 정도 두 가지 특징을 함께 가지고 있었다. 문과생도 이과적인 면이 있었고, 이과생도 로봇은 아니었다.

요한복음 3장 16절에도 문과적 표현과 이과적 표현이 함께 있다. 먼저 하나님의 사랑의 크기를 '이처럼'이라고 감성적으로 설명했다면, 뒤이어 수리적으로 풀어 설명해주신다. 바로 '독생자를 주신' 정도의 사랑이다.

성경은 독생자의 가치를 정확히 설명하고 있다. 그분이 누구신지를 '독생자'라는 인간의 언어로 정확히 말씀해주신다. 그 가치 계산은 인간의 사고 수준을 고려한 훌륭한 설명이다.

예를 들어보자. 어느 아비가 자기 자식을 헐값에 팔아넘기겠는가? 무슨 이유에서든, 누가 얼마의 돈을 준다고 하든, 자기 자식을 피부가 벗겨지고 속뼈가 드러날 때까지 채찍질하는 고문장에 팔아넘길 아비가 있겠는가?

고문당한 후에는 백여 킬로그램에 이르는 사형 틀을 짊어지게 해서 산꼭대기까지 홀로 가져가게 하겠는가? 또 거기서는 벌거벗겨서 양손과 발에 대못을 박아 십자가에 매달고, 죽을 때까지 사람들의 구경거리가 되게 하겠는가?

하나님이 독생자를 주신 십자가 사건을 떠올려보라. 어느 인간 아비가 그처럼 하겠는가? 어느 누가 자식에게 값을 매겨서 팔아넘기겠는가?

'값'이라는 표현에 놀라지 말라. 이것은 정확히 성경에서 반복하고 있는 계산적 표현이다. '대속'도 그렇고, '속량'도 마찬가지다. 누군가 값을 대신 내준다는 의미로 "얼마짜리야?", "네가 그 값을 치를 수 있어? 얼마 있는데?"와 같이 거래에서 사용되는 관용어다. 검색해보라.

인자가 온 것은 섬김을 받으려 함이 아니라 도리어 섬기려 하고 자기 목숨을 많은 사람의 **대속물**로 주려 함이니라 막 10:45

그가 모든 사람을 위하여 자기를 **대속물**로 주셨으니 기약이 이르러 주신 증거니라 딤전 2:6

하나님이여 이스라엘을 그 모든 환난에서 **속량**하소서 시 25:22

그가 이스라엘을 그의 모든 죄악에서 **속량**하시리로다 시 130:8

그 아들 안에서 우리가 **속량** 곧 죄 사함을 얻었도다 골 1:14

검색하다 보면 놀라게 된다.

"아니, 하나님이 이렇게 비싼 값을 내시다니… 대체 무슨 값을 지불하신 거야?"

왜 그렇게까지 사랑하세요?

하나님의 사랑의 크기는 '이만큼'이다. 그분과 사랑의 관계에 있다면, 이 정도로도 충분히 알아들을 만하다. 늦게 귀가한 아빠를 사랑하는 딸이 자기를 향한 아빠의 사랑을 확인하려고 달려드는 정도의 관계만 있어도 이해할 수 있는 말이다.

그런데 하나님은 더 자세히, '독생자를 주신 크기의 사랑'이라고 말씀하신다. 그런 크기의 사랑은 세상에 없다. 하나님과 사랑의 관계가 소원하거나 혹은 없는 사람이라도 이 부분은 알아들을 수 있다. 그래서 질문에 빠진다.

"왜요?"

왜 하나님은 우리를 그렇게까지 사랑하시는가? 대체 왜 그렇게 처절하게 우리를 사랑하시는가? 그 사랑의 목적은 무엇인가?

그 이유가 뒤이어 나온다.

"그를 믿는 자마다 멸망하지 않고 영생을 얻게 하려 하심이라"(요 3:16).

당신을 믿게 하시려고, 멸망이 아니라 영생 구원을 얻게 하시려고!

당신이 구원받기 원하시는 하나님

한번은 교차로에서 교통 법규를 위반했다. 단속 중인 교통경찰이 차를 세웠고, 나는 육만 원의 벌금을 내게 되었다. 아까우면서도 문득 이런 생각이 들었다.

'나는 지금 내가 지은 죄에 대한 형을 받은 것인가? 그것은 육만 원어치인가? 비록 법 전문가는 아니지만, 꼭 틀린 생각은 아닌 것 같은데?

그렇잖아? 죄를 죄로 규정하는 건 법이잖아. 경찰은 위반사항에 대한 경고와 동시에 벌금 고지를 함으로써 내 잘못에 형을 집행한 게 아닐까? 만약 그렇다면 나는 벌금을 냄으로써 죗값을 치른 거네. 그래서 더는 이 일로 별도의 벌금을 또 낼 필요가 없다는 확증을 받은 거네…. 어? 이거 복음과 너무 비슷한걸?!'

벌금을 내면서 복음이 떠오른 이유는 말씀 때문이다. 성경 말씀은 하나님의 법이다. 모든 국민은 그 나라의 법 영향 아래 있다. 마찬가지로 사람을 포함한 세상 만물은 하나님의 법 아래에 있다(가령 어떤 범법자가 자신을 정죄하는 법을 법으로 인정하지 않는다 하더라도 법은 위협당하지 않고 법의 기능을 지속할 것이다).

하나님의 법에 의하면 모든 죄에는 값이 붙어있다. 그런데 큰 죄뿐만 아니라 아무리 사소하고 작은 죄라도 죄의 값은 죽음으로 귀결된다. 성경에는 이렇게 기록되어있다.

죄의 삯은 사망이요 **롬 6:23 상**

하나님나라의 법은 요구 수준이 높다. 하나님과 같이 완전할 것을 요구한다(창 17:1, 신 18:13, 마 5:48). 이 법대로라면 의인은 없다. 모두가 죄인이다(롬 3:10).

하나님은 사람의 가장 깊은 속마음까지 다 아신다. 그분 앞에서는 큰 죄든 작은 죄든 똑같이 죄다. 살인뿐 아니라 미움도, 간음뿐 아니라 음란한 생각도, 하나님을 향한 거역뿐 아니라 사람에게 하는 선하지 않은 말들도 죄다(마 5:20-48).

이에 대해 한 설교자는 다음과 같이 말했다.

"여러분, 여기 생수 한 컵이 있습니다. 그런데 이 안에 똥 덩어리가 하나 들어있다면 그 물을 마실 수 있겠습니까? 아니죠? 더러워서 상상도 하기 싫죠? 그렇다면 이건 어떻습니까? 똥물 딱 한 방울이 들어있는 생수라면 다르지 않겠습니까? 그 정도는 마실 수 있지 않겠습니까?"

아니다. 못 마신다. 한 덩어리든 한 방울이든, 더럽긴 매한가지다. 하나님 앞에 죄가 그렇다.

인간 사이에서는 용서가 되는 죄가 있고 안 되는 죄가 있다. 왜냐면 죄인들 끼리끼리, 도긴개긴이라서다. 너나 나나 죄인이니 죄라는 틀 안에서 보는 상대적 시각으로 어느 죄가 더 큰지 평가할 수 있다.

하지만 하나님께는 다르다. 그분은 거룩한 존재시다. 그분은 완전무결하시고 죄를 미워하신다. 그분은 죄의 틀 바깥에서 공의로 죄를 다루시는 심판주시다. 그런 분에게 모든 죄는 죽음의 값이 매겨져 있다.

그러나 죄의 값을 말씀하신 하나님은 바로 이어서 그 값을 지불하셨음을 보여주신다.

하나님의 은사는 그리스도 예수 우리 주 안에 있는 영생이니라

롬 6:23 하

심판주이신 하나님이 우리를 사랑하신다. 스스로 사랑의 딜레마를 가지신 그분께서 죄의 값을 지불하셨다. 그분이 지

불하신 '독생자'의 값은 아무리 큰 죄라도 충분히 상쇄한다. 전 역사와 인류의 죄를 다 모아서 값을 물어도 예수님의 죽으심의 가치에 비하면 말할 수 없이 싸다. 가격 논의 자체가 터무니없을 정도로 예수님이 가장 '비싼' 존재이시기 때문이다(요 1:3).

독생자를 내주신 하나님 앞에서 해결받지 못할 죄는 없다. 그분을 대속물로 믿고 속량물로 받아들일 때, 당신은 영생 구원을 얻게 된다. 하나님께 용서와 평안을 받아 누리게 된다.

평안을 구하는 기도

독생자를 제 죗값의 대속물로 내어주신

하나님 아버지, 감사하고 또 감사합니다.

저는 너무 큰 것을 받았습니다.

제 어떤 과거나 과오도 예수님의 가치 앞에서

해결받지 못할 것이 전혀 없음을

이제 확실히 알겠습니다.

제게 영생과 구원을 주신 주님을 찬양합니다.

주님과 저 사이를 가로막는 모든 죄의 담은

하나님이 지불하신 예수님의 대속의 값으로

다 해결받았습니다.

제가 믿습니다.

제가 예수님을 믿습니다.

제가 하나님의 사랑을 받아들입니다.

이 시간 제 안에 구원과 영생과 평강을 안겨주신 주님,

감사합니다. 찬양합니다.

예수님의 이름으로 기도합니다, 아멘.

사망의
음침한 골짜기로
이끄셔도
괜찮아요

동대구역

요한복음 3장 16절. 그날 밤의 설교 본문을 살펴보며 기도를 마쳤을 때, 기차는 이미 목적지에 들어서고 있었다. 내리는 사람이 많았다. 나도 그 대열에 끼어 천천히 내렸다.

내게 처음 문자를 주었던 집사님이 청소년부 담당 목사님과 함께 마중을 나왔다. 플랫폼에서 역사로 빠져나오니 두 분이 환하게 웃으며 나를 맞이했다. 황송했다. 우리는 동대구역 주차장으로 갔고 함께 교회 승합차에 올랐다.

승합차 기도회

집회 장소는 대구 외곽의 한 기도원이었다. 역에서 차로 사십 분 거리였다. 우리는 서로 안부를 묻고 저녁 집회에 대해 대화하기 시작했다. 주된 내용은 청소년들의 영적 상황이었다. 두 분 다 저녁 집회에 거는 기대가 컸다.

지난 이 년간 코로나로 비대면 모임만 하다가 처음으로 연수련회였다. 한 번도 대면 집회를 경험해본 적 없는 아이들도 꽤 많다고 했다. 두 분 다 간절한 목소리로 아이들을 위해 복음을 잘 전해주기를 거듭 당부했다.

나는 그들에게 기도회를 제안했다. 이왕 사십 분 동안 이동해야 하니, 승합차 안에서 우리가 세 겹줄이 되어 아이들을 위해 통성으로 기도하자고 말했다. 두 분은 기도회 제안을 크게 반겼다.

"잠시만요!"

교차로에서 빨간불 신호에 차가 잠시 멈춘 틈을 타 목사님이 찬양을 틀었다. 나는 제안했다.

"그럼 첫 번째 기도제목을 목사님이 말씀해주시죠!"

목사님은 밝고 기대감 넘치는 표정으로 말했다.

"이 마지막 때에 우리 아이들이 복음에 감화 감동된 복음의 일꾼들로 거듭나게 해달라고 기도하십시다!"

집사님도 거들었다.

"좋습니다! 그런데 신기하네요. 이렇게 달리는 차 안에서 기도회 해보기는 또 처음이에요."

우리는 통성으로 기도하기 시작했다.

합심 기도가 마무리되면, 기도제목을 내놓은 분이 대표 기도를 했다. 이어서 집사님과 내가 기도제목을 내놓았고 각각 마무리 기도를 했다. 그렇게 두 바퀴쯤 순번이 돌았을 때 승합차는 집회 장소에 들어섰다. 우리는 주기도문을 함께 암송하며 승합차 기도회를 마쳤다. 셋 다 가슴이 뜨거웠다.

후루꾸 신자

집회 장소에서는 저녁 식사가 한창이었다. 나도 안내를 받아 기도원 식당에 앉았다. 승합차 기도회를 함께한 셋이 한 테이블에서 식사했다.

나는 궁금했다. 청소년들의 영혼을 위해 간절한 마음으로 기도하는 두 분의 마음을 더 알고 싶었다. 어떻게 그렇게 영혼들을 사랑하게 되었는지도, 사역 현장에서 경험해온 하나님 이야기도 듣고 싶었다. 그래서 질문했다.

"그런데 두 분은 어떻게 이렇게 뜨거우신 거예요?"

목사님과 집사님이 서로 멋쩍게 쳐다봤다. 실제로는 뜨겁지 않다는 이야기를 눈빛으로 주고받는 듯했다. 집사님이 어색하게 웃으며 조심스레 입을 뗐다.

"저는 완전 후루꾸('요행'을 뜻하는 fluke의 일본식 발음) 신자입니다…."

그렇게 시작된 이야기는 내 예상을 완전히 뒤엎었다. 내가 본 첫인상에 그는 건강하고 거룩해 보였다. 기도도 많이 하고 말씀도 엄청나게 읽는, 늘 성령충만한 사람일 것 같았다. 그러나 이어진 이야기를 다 듣고 보니 "죄가 더한 곳에 은혜가 더욱 넘쳤나니"(롬 5:20)라는 말씀과 같은 상황이었다.

그는 큰 문제들에 직면해 있었다. 그러나 더 큰 은혜를 하나님이 부어주고 계셨다.

뒤늦게 발견한 소명과 은혜

집사님은 오십 대 초반의 중년 남성이었다. 그는 자신이 신실한 신앙인이 아니라고, 문제투성이 가짜 신자라고 주장했다. 그리고 자신에게 있었던 일들을 들려주었다. 요약하면 다음과 같았다.

그는 군대에서 예수님을 처음 믿었지만, 제대하고는 교회에 다니지 않았다. 그러다가 친누나의 소개로 교회 자매를 만나 결혼을 약속했다. 그때 자매가 결혼 조건으로 새벽기도를 매일 나갈 것을 요구했다. 그는 결혼을 위해 흔쾌히 약속했지만, 신혼 때 일주일간 약속을 지킨 후로 계속 어겼다.

결혼한 지 팔 년 뒤 직장을 나와서 사업을 시작했다. 그런데 사업이 잘 안 풀리면서 이혼 위기를 여러 번 겪었다. 그러다가 몸이 안 좋아 병원에 갔는데, 암 발병 소식을 들었다. 이때부터 부부가 함께 새벽기도를 다니고 가정예배를 드리면서 관계가 극적으로 회복되기 시작했다.

그는 여전히 병원에 다녔고, 빚 문제도 진행 중이었다. 하지만 아내와 함께 기도 생활을 하면서 날마다 은혜를 누리고 있었다. 그 과정에서 자신의 가정뿐 아니라 교회도 돌아보게 되었는데, 특히 어린 영혼들에게 복음을 제대로 전해야겠다는 생각이 들었다고 했다.

그는 스스로를 가정의 영적 제사장이자, 교회의 청소년들에게 보냄 받은 선교사로 임명했다. 뒤늦게 발견한 그의 소명이었다. 그는 부활과 천국 소망으로 가득 찬 나날을 보내면서도 받은 은혜에 자만하지 않았다. 자신의 과오를 돌아보며 겸손했다. 늘 자신을 모자란 신앙인으로 여기며 부어지는 은혜를 누렸다.

여기까지 이야기하는데, 그의 얼굴에서 빛이 나는 것만 같았다. 나는 말씀이 떠올랐다.

내가 사망의 음침한 골짜기로 다닐지라도 해를 두려워하지 않을 것은 주께서 나와 함께하심이라 주의 지팡이와 막대기가 나를 안위하시나이다 시 23:4

그는 사망의 음침한 골짜기와 같은 인생을 통과 중이었다. 하지만 두려워하거나 불안해하지 않았다. 하나님이 주시는 은혜를 경험하기 때문이었다. 하나님과 동행하기 때문이었다.

푸른 초장으로

그날 저녁 집회는 뜨거웠다. 말씀을 전하는 나부터 뱃속에서 뜨거운 기운이 솟구쳐 나오는 듯했다. 내 입술에서 불이라도 뿜어져 나오는 것만 같았다.

말씀 이후 이어진 기도회 시간에는 모든 선생님과 아이가 함께 부르짖으며 기도했다. 여기저기서 회개의 눈물을 쏟았다. 나도 그랬다. 이번에도 말씀의 최대 수혜자는 설교자인 나라는 생각이 들었다.

설교와 기도회까지 마치자 기진맥진했다. 그 집사님이 나를 기도원 숙소로 안내해주었다. 작은 책상과 의자, 그리고 침대가 하나 놓여있는 방이 나를 반겼다.

씻고 침대에 뛰어들었는데 이불이 엄마 품처럼 포근했다. 피곤했지만 정신은 맑았다. 저녁 식사를 하며 집사님이 들려준 인생 이야기가 다시 떠올랐다. 특히 그가 말하는 모습이 그려졌다. 사망의 음침한 골짜기로 다니면서도 하나님의 큰 은혜를 누리는 그의 인생이 소망이 됐다.

나는 침대에 바로 앉아 성경책을 펼쳤다. 시편 23편을 한 구절씩 음미하며 기도했다. 그러다가 어느새 옆으로 고꾸라져 잠이 들었다. 잠이 달았다.

꿈을 꾸었다. 꿈속에서 한여름 밤의 신선하고 상쾌한 바람이 볼을 스쳤다. 그리고 푸른 초장이 펼쳐졌다. 그곳에서 방언으로 산기도를 하는데 옆에 양 떼도 있고, 목자도 있었다. 목자는 그림자만 보였다. 그분이 예수님인지 확인하려고 달려가다가 꿈에서 깼다. 아쉬웠다.

아직 해는 뜨지 않았고, 어둠 속에 누워 꿈을 회상했다. 어디선가 목자의 음성이 들리는 것만 같았다. 아니, 내 생각 같기도 했다. 음성인지 생각인지 모를 말들은 네 개의 질문으로 이어졌다. 나는 이런 대화를 성령님과 나누었다.

너는 결핍이 있을 때도 평안하니?

첫 번째 질문이었다. 내가 항상 평안한지를 물으셨다. 결핍은 흔히 우리의 평안을 빼앗는다. 예를 들어, 경제적인 결핍 때문에 발생하는 각종 불편함과 마음속 근심이 평안을 앗아간다. 혹은 신체적 결핍 때문에 겪는 건강의 문제들도 평안을 잃게 한다.

성령님의 질문은 '내가 가장 어려울 때도 평안한가'였다. 다

시 말해 '결핍보다 하나님을 더 크게 바라보는 믿음이 있는가'
였다. 나는 음미하다 잠들었던 시편 말씀을 떠올렸다. 그리고
답했다.

"아멘! 네, 주님. 결핍보다 크신 하나님이 저를 이끄시고 동
행하십니다. 그러니 결핍은 문제가 안 됩니다. 제게는 당신이
가장 큰 존재이십니다. 그러니 어떤 결핍도 걱정하지 않겠습니
다. 저는 주님과 함께하기에 평안합니다. 당신을 이미 받았으
므로 평안합니다."

이렇게 말하며, 그 구절을 반복해서 중얼거렸다.

"여호와는 나의 목자시니 내게 부족함이 없으리로다.

여호와는 나의 목자시니 내게 부족함이 없으리로다.

여호와는 나의 목자시니 내게 부족함이 없으리로다."

입술로 읊조리는 말씀 소리가 내 귀에 들렸다. 내 영이 들었
다. 그때마다 마음속 모든 어둠이 산산조각 나는 게 느껴졌
다. 내 선한 목자의 인도하심 앞에서 모든 결핍 요소가 힘을
잃었다.

말씀이 귀에 반복해서 들리자 믿음의 확신이 더욱 커졌다.

'어떤 결핍도 예수님의 가치보다 작구나! 하나님께서 나를
인도해가시는 것이 모든 결핍을 뛰어넘는 내 진짜 재산이구나!'

주께서 나의 목자가 되셔서 이끄시니 나는 평안했다.

성령님의 감동은 이어졌다. 두 번째 질문은 목적지와 관련한 것이었다. 성령께서 나를 어디로 이끌어가시는지 내가 알기를 원하시는 것 같았다. 나는 신앙고백을 말로 드리고 싶었다. 그래서 소리 내어 기도했다.

"네, 주님. 저를 인도하시는 것도 알고, 어디로 인도해가시는지도 알고 있습니다. 시편 말씀 그대로입니다. '그가 나를 푸른 풀밭에 누이시며 쉴 만한 물가로 인도하시는도다'(시 23:2). 주께서 저를 푸른 풀밭과 쉴 만한 물가로 이끌어가십니다. 저는 말씀에 있는 이 사실을 믿습니다. 저를 인도하소서. 잊지 않게 도우소서!"

이번에도 기도하면서 말씀을 반복해서 암송했다. 내 귀에 들리게 했다. 말씀이 들릴 때마다 심장 박동처럼 믿음이 울컥거렸다. 주체할 수 없이 샘솟는 물줄기처럼 평안이 점점 차올랐다. 내 속의 숨은 어둠이 쇠몽둥이로 사기그릇 부수듯 산산조각이 났고, 성령의 바람에 흩어지는 듯했다.

너를 왜 목양하는지 아니?

주님은 또 물으셨다. 당신이 왜 나를 인도해가시는지 아냐고 하셨다. 시편 23편을 묵상하던 나는 이미 마음의 준비를 하고 있었다. 그다음 구절을 말할 준비였다.

나는 소리 내어 외쳤다. 그리고 고백했다.

"'내 영혼을 소생시키시고 자기 이름을 위하여 의의 길로 인도하시는도다'(시 23:3)! 네, 주님. 제게 주신 말씀에 답이 있습니다. 주님께서 저를 목양하시는 이유는 저 때문이 아닙니다. 만약 그 이유가 제게 있었다면, 저는 불안했을 겁니다. 뜨겁다가도 차갑고, 밝다가도 어둡고, 충만하다가도 고갈되기를 반복하는 저는 연약합니다. 이런 변화무쌍한 상태가 주님의 목양 근거가 아니라서 정말 다행입니다.

만약 제 수준에 따라 주님이 인도하시기도, 안 하시기도 하셨다면… 생각만 해도 끔찍합니다. 그랬다면 제게는 아무런 평안도 없었을 것입니다. 언제 버림받을지 몰라 전전긍긍하며 두려워했을 것입니다. 그러나 말씀에서 진실을 깨달았습니다.

주님, 당신은 자기 자신의 이름을 위하여 저를 목양하시는 분입니다. 목양의 이유가 제게 있지 않고 주께 있습니다.

주님은 변치 않으시는 분이기에 저를 목양하시는 이유 역시 변함없습니다. 이에 저는 평안을 누릴 수 있습니다. 안전합니다. 기쁘고 행복합니다.

주님, 계속 이 말씀대로 이뤄주실 것을 믿습니다. 주님 이름의 영광을 위하여 저를 인도해주심에 감사합니다!"

가슴이 두근거리고, 뜨겁고, 터질 듯한 감동이 일었다. 나는 계속 누워있을 수 없었다. 일어나 어두운 방 안을 오가며 찬양했다.

"선한 목자 되신 우리 주 항상 인도하시고 푸른 풀밭 좋은 곳에서 우리 먹여주소서~"

사망의 음침한 골짜기로 이끌어도 괜찮니?

찬양 중에도 성령의 감동은 계속됐다. 마지막 질문이었다. 이에 다음 구절이 떠올랐다.

내가 사망의 음침한 골짜기로 다닐지라도 해를 두려워하지 않을 것은 주께서 나와 함께하심이라 주의 지팡이와 막대기가 나를 안위하시나이다 시 23:4

내 대답은 "아멘!"으로 정해져 있었다. 주님만 함께 계신다면 나는 어디든 괜찮았다. 오히려 주께서 나를 사망의 음침한 골짜기로 이끄실지라도 무조건 감사할 만반의 준비가 되어있었다.

성경 지명에 관해 예전에 책에서 읽은 내용이 떠올랐다. 사망의 음침한 골짜기는 생명에 이르게 하는 좁은 길과 같다는 사실이었다.

고대 이스라엘 사람들은 집집마다 양을 키웠다. 부자는 많이, 가난한 사람은 적게. 그들이 양 떼를 먹이려면 푸른 초장과 맑은 물가로 데려가야 했다. 이때 예루살렘 지역에는 이동 경로에 꼭 포함해야 하는 길이 있었다. 바로 '사망의 음침한 골짜기'라는 별명을 가진 예루살렘 동쪽의 기드론 계곡이었다.

그곳은 깊었다. 지형 자체도 낮았지만, 높은 곳에 위치한 성전 아래여서 그늘져 있었다. 이 모습은 특별한 영감을 불러일으키기에 충분했다. 구약 시대, 성경에 등장하는 골짜기들은 '성전의 그늘' 같은 곳이었다. 이는 한때 성전에서 하나님의 영광을 누렸으나 그 영광을 떠나 고통당하는 사람들의 어두움, 어려움을 직면한 인생들을 상징했다.

다시 돌아와서, 당시의 양 떼는 이 기드론 계곡을 통과해야 했다. 목자들이 그곳으로 이끌었기 때문이다. 목자들이 하필 양 떼를 이 죽음의 골짜기로 이끈 이유는 그 길이 양들에게 유익해서였다.

푸른 초장과 맑은 물가로 가는 길은 양들에게 멀었다. 양들은 다리가 짧고 체력이 약한데다 눈도 잘 안 보였다. 그런 양들이 광야의 건조하고 뜨거운 기후를 머리에 이고 목초지까지 가기는 어려웠다. 생명을 건 여정이었다. 그래서 목자들은 하나같이 '사망의 음침한' 기드론 계곡으로 양들을 이끌었다.

그곳은 더 시원했다. 열기를 피해갈 수 있는 유일한 길이었다. 또한 아직 증발되지 않은 빗물이 바닥에 고여있어서 여정 중 양들의 갈증을 해소시켜 줄 수 있었다. 그뿐인가! 골짜기로 내려가면 간식거리도 있었다. 먹음직스러운 잎사귀들이 광야의 열기를 피해 계곡 그늘진 곳마다 탐스럽게 군락을 이루고 있었다.

결국 사망의 음침한 골짜기는 양 떼를 살리는 길이었다. 좁은 길이지만, 생명길이었다. 그 길로 가야 풍성한 꼴을 얻을 수 있었다.

하지만 양 떼는 그 골짜기 길을 싫어했다. 그곳으로 갈 때마다 양들은 공포를 느꼈다. 목자가 자신을 어디로, 왜 인도하는지 알 수 없었다. 특히 골짜기로 들어서자마자 느껴지는 시원한 공기가 낯설었다. '외부보다 더 시원한 곳이니 목적지까지 안전하게 갈 수 있겠다'라는 생각은커녕 무지한 양들은 단지 변화 그 자체가 두려웠다.

골짜기에 들어설 때의 온도 차이, 바닥에 고인 빗물과 습한 분위기, 갑자기 어두워져 발생하는 시야의 제한, 그늘진 곳에 나타나는 자신의 그림자조차 무서웠다. 목자에게는 양 떼를 살리는 길이었지만, 양 떼에게는 불안과 공포의 골짜기였다.

이 사실을 되뇌며 나는 더욱 확신에 차서 기도했다.

"성경에서 말하는 '골짜기'는 삶에서 직면한 어려움의 상징이기도 했습니다. 하지만 하나님께서 친히 목자가 되셔서 당신의 백성을 사망의 음침한 골짜기로 이끌어가셨습니다. 저는 말씀을 알기에 결코 두려워하지 않을 것입니다.

제 인생과 사명의 길 위에 나타나는 갑작스런 온도 변화, 습도 변화에 놀라지 않을 것입니다. 심지어 시커먼 그림자가 불쑥 나타나 길을 가로막는 것 같을 때도 제 마음을 단단히 지킬 것입니다. 대신 목자를 바라보는 데 집중하겠습니다. 두려운 순간마다 골짜기에서 겪는 변화가 아니라 목자이신 주님의 음성을 듣고 따르는 데 제 마음을 온전히 기울이겠습니다!"

기도하면서 시편의 다른 구절도 떠올랐다. 나는 그 부분을 찾아 낭독했다. 내 귀에 들리도록.

그들이 눈물 골짜기로 지나갈 때에 그곳에 많은 샘이 있을 것이며 이른 비가 복을 채워주나이다 시 84:6

평안을 위한 기도

선한 목자 되신 주님, 감사합니다.
저를 인도하시는 주님을 찬양합니다.
시편의 기도가 곧 제 기도입니다.
제 기도를 받으소서.

여호와는 나의 목자시니
내게 부족함이 없으리로다
그가 나를 푸른 풀밭에 누이시며
쉴 만한 물가로 인도하시는도다

내 영혼을 소생시키시고 자기 이름을 위하여
의의 길로 인도하시는도다
내가 사망의 음침한 골짜기로 다닐지라도
해를 두려워하지 않을 것은
주께서 나와 함께하심이라
주의 지팡이와 막대기가 나를 안위하시나이다

주께서 내 원수의 목전에서 내게 상을 차려주시고
기름을 내 머리에 부으셨으니 내 잔이 넘치나이다

내 평생에 선하심과 인자하심이 반드시 나를 따르리니

내가 여호와의 집에 영원히 살리로다 시23:1-6

예수님의 이름으로 기도합니다, 아멘.

불안에서 평안으로

3

우리가

샬롬할 수 있는

이유

chapter
01

제가
평안할 자격이
있을까요?

송 씨와 폭우

비가 왔다. 한 시간 동안 백오십 밀리미터가 쏟아졌다. 폭우였다. 아침 일기예보 때는 비 소식이 없었기에 믿기가 힘들었다.

'우리나라가 동남아 기후도 아니고, 이렇게나 쏟아진다고?'

나는 커피숍에 앉아서 멍하니 비를 바라봤다. 또 상상력이 발동했다.

송 씨는 부지런한 사람이다. 그는 회사원이고 직급은 부장이다. 남들보다 한 시간 일찍 출근하기를 즐겼고, 그날도 다름없었다. 그런데 출근 직후 폭우가 쏟아졌다. 하지만 송 씨는 회사 사무실에 앉아있어서 날씨 소식을 모르고 있었다. 그때 부하 직원 이 씨가 헐레벌떡 뛰어들어오며 외쳤다.

"부장님! 밖에 비 와요!"

송 씨는 평소에 자신보다 늦게 출근하는 이 씨가 못마땅했다. 그래서인지 더욱 그의 말을 믿을 수 없었다. 아니, 그의 말이라면 다 싫었다. 더군다나 그날 아침 일기예보에는 없던 비 소식이었다. 게다가 한 시간 전까지만 해도 맑게 갠 하늘을 두 눈으로 본 터였다. 그는 자신의 감정과 경험 데이터에 근거해서 주장했다.

"그럴 리가! 이 사람이 또 실없는 소릴…. 조금 전까지도 비가 안 오는 것을 내가 봤는데 말이야."

이 씨는 답답한 나머지 사실을 한 번 더 주장했다.

"아닙니다! 진짜 비가 오고 있습니다! 정 못 믿으시겠다면 한번 나가보세요, 부장님."

이 씨가 굽히지 않자 송 씨는 더욱 짜증이 났고, 비 소식 따위를 듣기 싫었다. 일부러 비를 확인하러 나갈 정도로 궁금하지도 않았다. 결국 송 씨는 자신의 감정을 쏟아낼 만한 화제로 말을 돌렸다.

"쓸데없는 소릴! 그건 그렇고, 내가 어제 퇴근하면서 부탁한 일은 어찌 되었지?"

"…."

여기서 비는 평안에 관한 성경적 '사실'이고, 이 씨는 '나'고,

송 씨는 '당신'이라고 비유해보자.

성경에 기록된 사실이 있다. 그것은 평안이다. 평안은 지금 이 시간 당신에게 쏟아져 내리는 은혜의 폭우와도 같다. 그러나 당신이 자신의 마음 상태나 개인적인 경험 지식에만 근거해서 사실을 부정하거나 불신한다면 평안을 누릴 수 없다.

비가 쏟아져도 믿지 않으면 경험할 수 없듯, 평안이 쏟아져도 불신한다면 경험하지 못한다.

인간의 우상숭배 vs 아버지의 사랑

평안에 대한 성경적 사실을 이야기하려면, 우상숭배의 문제부터 다뤄야 할 것 같다. 하나님은 우상숭배를 극도로 싫어하신다(신 4:24). 하나님과 우상 사이에는 큰 차이가 있다. 하나님은 만들어낸 신이 아니시다(창 1:1, 출 3:14). 그러나 모든 우상은 사람이 만들어낸 가짜 신이다.

하나님은 보이지도 않고, 만질 수도 없고, 인간이 조작할 수도 없다. 그러나 세상의 모든 신들은 정반대다. 만들어낸 이유와 목적에 따라 얼마든지 조작된다.

인간은 본래 하나님과 동행하며 살도록 지어졌다. 그런 인간이 하나님을 떠나면 마치 배터리 없는 휴대폰처럼 껍데기만 남아 제 기능을 할 수 없게 된다. 하나님을 떠난 영혼은 죽음의 상태가 되고, 공허해진다.

이 문제를 해결하려 인간은 선택의 기로에 선다. 하나는 하나님께 돌아가는 것, 다른 하나는 스스로 하나님이 되는 것. 전자는 평안을 회복하는 길이지만, 후자는 문제가 악화되는 길이다.

후자의 경우, 인간은 스스로 하나님이 될 수 없다는 사실을 잘 알기에 조작 가능한(만만한) 신을 만들어낸다. 인간의 사고방식에 갇혀있는 상상의 존재를 믿으며 일시적 위안을 누리려 한다. 이처럼 우상숭배의 배경에는 하나님의 자리에 자신이 앉고자 하는 욕망이 깔려있다.

인간이 하나님을 떠나기를 고집하는 건 스스로 파괴되는 길이다. 하나님을 대체할 섬김의 대상을 찾는 건 모든 죄의 뿌리, 모든 문제의 원인이 된다.

하나님이 우상을 싫어하시는 이유는 '사랑' 때문이다. 그 사랑은 당신을 향한다. 그분은 완전하시기에 '싫다' 따위의 부정적 감정을 가질 필요가 없으시다. 문제는 사랑에 있다. 그분께 완전한 사랑이 있는 것이 문제(?)다.

사랑의 속성 중 하나가 희생이다. 하나님은 희생을 통해 이 문제를 해결하셨다. 그분은 피조 세계를 직접 지으셨고, 그중에서도 인간을 가장 탁월하게 신적(神的) 수준으로 만드신 아버지시다. 그 아버지가 당신을 완전히 사랑하신다. 당신이 하나님을 떠나서 고통받는 것을 함께 고통스러워하신다. 그리고 당신 스스로 돌아오도록 길을 내어놓고 고통을 감내하신다. 그 길이 예수님이시다.

예수께서 이르시되 내가 곧 길이요 진리요 생명이니 나로 말미암 지 않고는 아버지께로 올 자가 없느니라 요 14:6

나는 내 자녀에게 내가 아빠임을 설명하지 않는다. 예를 들어 혈액형이 같다느니, 유전자 검사를 해봤다는 식의 설명은 필요 없다. 다만 선언한다.

"나는 네 아빠야."

그런데 하나님은 자신이 누구인지를 선언하실 뿐만 아니라 그보다 더 많이 설명하신다. 성경을 통해 구구절절 말씀하신 다. 그 역시 사랑 때문이다.

보이는 세계에만 익숙한 당신이 보이지 않는 하나님을 선언 만으로는 믿지 않을 것을 아시고 성경을 주셨다. 읽기도 쉽고, 따르기도 쉽도록 하나님의 말씀을 문자로 주셨다. 게다가 한 글로도 번역되도록 이 땅에 순교자의 피를 흘리셨다.

성경에 기록된 문자는 보이는 사실이다. 진리가 담긴 물리 적 실체다. 성경 말씀에 따르면 하나님은 당신이 평안하기를 원하신다.

그리스도께서 이기신 전쟁은 '평안 쟁취전'이었다. 그 싸움은 당신에게 평안을 가져다주기 위한 것이었다. 승리하신 사령관께서 당신에게 명령하신다.

> 이것을 너희에게 이르는 것은 너희로 내 안에서 평안을 누리게 하려 함이라 세상에서는 너희가 환난을 당하나 담대하라 내가 세상을 이기었노라 요 16:33

마지막 부분에 주목해보라. 그분은 우리에게 '이길' 거라고 말씀하지 않고 '이겼'다고 하신다. 그리스도의 승리는 과거형이다. 이미 이긴 싸움이다. 이긴 싸움을 시작하는 것은 유명한 병법 지침이기도 하다. 이는 전쟁사를 빛낸 위대한 장군들의 전쟁 원칙 중 하나였다. 선승구전(先勝求戰, 미리 이겨놓고 난 후에 싸운다, 《손자병법》).

일단 전쟁은 최대한 피해야 한다. 하지만 피할 수 없다면 반드시 이겨야 한다. 그때 지휘관의 필수 덕목은 '이기게 하는 것'이다. 바꿔 말하면, 전쟁을 사전에 완벽히 준비해두는 지혜가 필요하다. 그래서 병법서에서 말하는 명장이란 '반드시 이기게 하는 지혜자'를 뜻한다.

우리의 영적 사령관은 그리스도시다(딤후 2:3). 그분은 '선승구전'을 뛰어넘는 지혜자시다. 그분은 '완승구전'(完勝求戰) 하셨다. 전쟁을 잘 준비하는 수준이 아니라, 아예 완승을 이뤄두셨다. 죄와 죽음의 세력을 완전히 꺾으신 후 우리를 부르셨다. 그분은 명장 중의 명장이시다.

예수님짜리 평안

평안은 승리의 결과다. 이미 이긴 싸움에 동참하는 영적 전사들에게 평안은 약속된 결과다. 이처럼 그리스도의 말씀을 듣고 그대로 따르기만 하면 반드시 승리한다. 평안이 주어진다. 그것은 세상이 주는 평안이 아니라 그리스도께서 주시는 완승의 평안이다(요 16:33).

그리스도를 사령관으로 모신 사람은 전장에서 떨지 않는다. 싸우기만 하면 이기는 영적 싸움판이라서 대담하다. 죄와 사망의 세력은 당신이 '그리스도 소속'임을 밝히기만 해도 힘을 잃는다. 삽시간에 흩어지고 도망친다.

두려움은 죄의 세력이 주는 불법적인 거짓 감정이다. 당신이 따르는 그리스도께서 이미 죄와 죽음을 꺾고 완승해두신 것만이 합법적인 사실이며, 진실이다. 당신에게서 평안을 빼앗고 불안과 우울과 공포를 심어놓은 '죄-파워'는 이미 파괴되었다. 그리스도께서 다 이루셨기 때문이다(요 19:30).

이 승리는 요즘 청소년들이 흔히 말하는 '사기캐'('사기 캐릭터'의 준말로 비현실적으로 강한 캐릭터)의 승리 같은 게 아니었다. 오히려 그분은 현실적으로 값을 치르셨다. 공의의 하나님 앞에서 전 인류의 죗값을 몽땅 지불하셨다.

사실 그보다 훨씬 비싼 값을 내셨다. 그것은 다름 아닌 유일한 의인, 곧 창조주 하나님 자신의 죽음의 값이었다. 하나님은 에덴에서부터 현재까지 인류의 죄의 총합보다 더 비싼 값을 내셨다. 자신의 모든 것을 쏟아내셨다.

이처럼 평안을 쟁취한 승리는 말할 수 없이 값진 것이었다.

너희는 값으로 사신 것이니 사람들의 종이 되지 말라 고전 7:23

평안을 얻기 위한 모든 가격은 이미 지불되었다. 예수님 안에서 당신이 누리게 된 평안은 자그마치 하나님의 독생자 '예수님짜리'다. 이것은 무를 수도 없을뿐더러 무를 만한 가치가 있는 존재도 없다. 한 사람, 당신 외에는.

예수께서 대답하시되 진실로 진실로 너희에게 이르노니 죄를 범하는 자마다 죄의 종이라 요 8:34

가장 비싼 존재의 선택권

그리스도께서 당신을 대신해서 값을 지불하시자, 당신은 최소한 그리스도에 준하거나 그보다 비싼 존재가 되어버렸다.

그리스도는 하나님이 당신에게 주시는 사랑의 확증이다(롬 5:8). 그렇다면 그리스도보다 그리스도를 내어주신 하나님의 사랑이 더 비싼 것이고, 하나님의 사랑을 한몸에 받는 당신은 그 사랑보다 더 비싼 존재라는 의미다. 하나님께 무엇보다 소중한 존재, 무려 하나님 자신보다 더(롬 8:32)!

그런 존재로까지 승격된 당신에게는 선택권이 있다. 다시 회개 이전의 죄 구덩이로 돌아가는 것과 회개했으니 돌이킨 삶을 사는 것. 평안을 다시 빼앗기는 것과 죄를 멀리하며 평안을 누리는 것.

당신만 마음을 지키면 평안을 빼앗을 자는 없다. 그리스도 안에 거하기만 하면, 누구든지 하나님나라의 소유가 된다(골 1:13). 죄의 세력이 범접할 수 없는 치외 법권으로 옮겨간다.

하나님나라는 창조주의 권위가 충만한 곳이다. 당신은 그분과 화목한 가운데 거룩과 평강을 누리게 된다. 그 나라에 사는 한, 죄는 당신을 건드릴 수 없다. 당신에게서 하나님나라를 빼앗을 수 없고, 그럴 능력도 없다.

중요한 건 당신이다. 당신만 하나님나라에서 벗어나지 않으면 된다. 하나님이 치르신 평안의 가격에 걸맞는 고결한 사람으로 성장해가면 된다.

평안, 합법적인 권리

평안을 잃는 것을 용납하지 말라. 당신이 평안을 누리는 건 하나님의 법에 적법하니 당당히 요구하고 주장하라. 더는 죄와 사망의 권세 아래 있지 않음을 기억하며 어떤 사단의 참소에도 휘둘리지 말라.

하나님은 예수님 안에서 당신을 하늘나라 백성으로 국적을 옮기셨다. 국적이 바뀌면 법도 달라진다. 당신은 이제 "생명의 성령의 법" 아래에 있다. 그러니 평안을 잃는 상황을 절대로 받아들이지 말라. 당신에게서 평안을 빼앗는 죄는 이제 불법이 되었으니 죄가 유혹해올 때마다 그리스도께 고발하라.

평안을 누리는 것이 합법이다. 평안을 지키고 유지하라.

그러므로 이제 그리스도 예수 안에 있는 자에게는 결코 정죄함이 없나니 이는 그리스도 예수 안에 있는 생명의 성령의 법이 죄와 사망의 법에서 너를 해방하였음이라 **롬 8:1,2**

평안을 위한 기도

평강의 왕 그리스도시여,

당신은 찬양받기 합당하십니다!

당신의 몸으로 제 죗값을 모두 지불하신

주님의 사랑과 은혜를 찬양합니다!

저는 죄와 사망의 법 아래 살던

지옥 땔감 같은 존재였습니다.

죄인을 향한 하나님의 분노와 저주 아래

신음하며 공포를 느끼던 죄인이었습니다.

그러나 하나님이 은혜를 베풀어주셨습니다. 감사합니다.

제게 그리스도를 보내주셨습니다. 찬양합니다.

저를 대신해서 그리스도께 십자가를 지우시고

죽게 하셨습니다. 사랑합니다.

그리고 하나님과 저 사이에 놓인

죄의 권세를 다 무너뜨려 주셨습니다.

평강을 주셨습니다. 정말 감사합니다.

그러나 주님, 이 시간 저를 불쌍히 여겨주옵소서.

저는 아직도 정신을 못 차리고 있었습니다.

여전히 죄와 사망의 법 아래 사는 것처럼 착각하며

유혹에 심약하여, 회개한 죄를 또 짓는 일이 많았습니다.

이 시간 그리스도의 십자가 값을 다시 요청합니다.

이미 불법으로 낙인찍힌 죄의 법으로부터

다시 자유케 해주시기를 간구합니다.

예수 그리스도의 죽으심과 함께

제 모든 죄와 그 결과들을 다시 십자가에

못 박아 죽여주시기를 기도합니다.

주님, 잃어버린 평강에 대해 불편함도 없고

분노도 없었던 저를 용서하시고, 새롭게 하옵소서.

하나님나라 백성답게 하나님과 저 사이에

어떤 죄의 권세도 용납하지 않는,

새 인생을 시작하게 하옵소서.

생명의 성령의 법 아래 모든 불법적인 죄의 세력을

제 안에서 완전히 쫓아내 주옵소서.

저를 위해 죽으시고, 제 죗값을 모두 지불하사

하나님과의 평강을 회복해주신

예수님의 이름으로 기도합니다, 아멘.

죄책이
불안의 기원이라면,
회개는
평안의 기원이에요

비극적인 상상력

뻔한 미래가 다가오고 있다. 오 년 뒤에는 첫째 딸 대학 등
록금을 준비해줘야 하고, 또 얼마 뒤에는 결혼 자금도 있어야
할 것이다.

뻔한 미래는 도처에서 나를 불안하게 한다. 내 차는 엔진
오일을 교환할 때마다 수리할 것들이 늘어나 초조해진다. 브
레이크 패드며, 에어컨 부품이며, 서스펜션 부품이며… 계속 고
쳐야 한다니 평안치가 않다.

정기 건강 검진을 받을 때도 그렇다. 불안하다. 매번 상태
가 나빠지는 것 같다. 이런 식으로 건강에 계속 문제가 생기다
보면 몇 년 뒤에는 큰일이 나지 않을까.

뻔한 미래는 이뿐이 아니다. 만기가 다가오는 전세, 풀지 않
은 인간관계, 한 치 앞을 내다볼 수 없는 목회 현장, 에너지와

시간 부족을 핑계로 미뤄두고 덮어둔 문제들이 언제 터질지 모르는 시한폭탄 같다. 불안하다.

또다시 부정적인 생각이 상상력을 자극하기 시작한다.

어느 날 큰딸이 외국 명문 사립대학의 합격 통지서를 받아온다. 그리고 우리 집으로 구만 달러의 입학금을 납입하라는 고지서가 날아온다. 이를 낼 형편이 안 되는 나는 절망하여 홀로 차를 몰고 바람을 쐬러 을왕리 바닷가로 떠난다.

스트레스를 받은 탓에 인천공항 고속도로를 과속 질주한다. 오래된 자동차라 에어컨이 꺼지고, 브레이크 시스템에 문제가 생기더니, 이내 '빡' 하는 소리와 함께 서스펜션 스프링이 끊어져 튕겨 나간다.

나는 무척 당황한다. 하필 그때 당뇨와 혈압 수치가 급격히 치솟아 정신이 혼미해진다. 느슨해진 핸들, 차선을 넘은 자동차는 때마침 반대편에서 달려오던 덤프트럭과 정면 대결을 한다. 쾅. 나는 의식을 잃는다.

구급대원들이 사이렌을 울리며 현장에 도착한다. 그들은 내 차에 붙은 장기 기증 스티커를 발견한다.

상상은 더욱 흉흉해진다.

갑자기 한 대원이 환호한다. 하필이면 그 구급대원의 외동딸이 심장 기증자가 필요한 환자였고, 하필이면 나와 혈액형이 일치한다. 그 대원은 생각한다. 중년의 경제력 없고, 망가진 차를 타고 다니며, 가뜩이나 몸도 안 좋은 사람을 살리기 위해 굳이 기를 쓰기보다는 자기 딸을 살리자고.

그래서 아직 죽지도 않았는데 나는 심장부터 빼앗기게 된다. 비참한 죽음이다….

여기까지 상상하다 보니 무서워진다. 아무 일도 생기지 않았지만, 벌써부터 모든 게 걱정스럽다. 특히 죽음이 가장 큰 염려다.

'내가 죽으면 가족은 어떡하지? 설마 내가 상상한 일이 진짜 일어나진 않겠지? 나는 어떻게 죽게 될까? 가만… 죽으면 고통스러울까? 어? 그런데 내가 뭘 생각하든, 어떤 대비를 하든 결국엔 죽는 것 아니냐?!'

혹시 이상하다고 생각해본 적 없는가? '죽음' 말이다. 평소에는 영원히 안 죽을 것처럼 잊고 살다가 건강에 문제가 생기거나 누군가의 죽음을 목도할 때, 혹은 삶이 너무 힘들 때만 겨우(?) 죽음의 그림자를 느끼는 것 말이다.

삶의 종착지에는 죽음이 기다리고 있다. 그러나 대부분은 죽음을 잊고 산다. 이 사실을 기억하려 들지 않는다. 이상한 일이다. 왜 당연한 일을 당연하지 않은 것처럼 여기며 살까?

방어기제 작동

'내가 언젠가 죽는다고?'

언뜻 생각해보면 와닿지 않는다. 얼른 체감이 안 된다. 그러나 누구나 죽는다. 이는 단순하고도 거부할 수 없는 분명한 사실이다. 시기가 다를 뿐 죽음은 모두를 공평히 찾아간다. 어떤 인생도 죽음을 거부할 수 없다. 죽음은 운명이다.

그럼에도 사람들이 죽음을 외면하고 사는 이유는 죽음이 싫기 때문이다. 그건 불편할 뿐 아니라 불안하고 공포스럽기까지 하다. 인식하는 순간 스트레스다.

그래서 마음은 스트레스로부터 스스로를 방어하기 위해 '심리적 방어기제'를 발동한다. 일반적 심리 반응은 '회피'나 '부정'이다. 죽음에 관련된 생각은 아예 하지 않기로 회피하거나, 자신의 인생에는 죽음이 찾아오지 않을 거라고 부정하기도 한다. 하지만 그런 식으로는 죽음의 문제가 해결되지 않는다.

진짜 평안 도둑을 찾아라

인간에게서 평안을 빼앗아 가는 주범은 따로 있다. 눈앞에 닥친 실제적인 문제들, 연이은 실패, 혹은 심리적 결핍과 상처 등은 진짜 평안 도둑이 아니다. 진범은 따로 있다. 바로 죽음이다.

설사 개별 문제들 때문에 불안이나 공포를 경험한다고 하더라도, 그 감정의 진짜 출처는 해결 불가능한 죽음이다.

모든 문제에는 공통점이 있다. 그것들은 죽음의 그림자다. 사실 죽음이 없다고 가정해보면 대부분의 문제는 더 이상 문제가 되지 않는다. 예를 들어, 건강 악화, 재정 상실, 경력 실패 등을 경험하면 고통과 두려움이 찾아온다. 비록 죽음과 직결되지 않더라도, 죽음의 공포를 연상시키는 부정적 감정이 찾아온다. 그동안 무시하고 살던 죽음의 그림자가 스멀스멀 어둠의 손길을 뻗쳐온다.

그런데 만약 죽음이 존재하지 않는다면? 누구나 영원히 사는 세상이라면? 사람뿐 아니라 만물의 생명력이 영원히 샘솟는 샘물처럼 날마다 성장하기를 지속하는 세상에 살게 된다면?

학습과 경험과 이력을 증대할 무한한 시간이 주어진다면? 음식과 물뿐만 아니라 모든 재화에 어떤 결핍도 없는 상태에 놓인다면? 죽음으로 파생된 모든 문제가 일시에 해결된다면?

사람이 흙으로 돌아가는 일 없이 풍성한 생명력을 가지고 세상의 주인으로 살아가게 된다면? 어떤 수고도 없이 저마다 돈과 시간의 자유를 당연히 누리는 세상이 된다면? 땅이 가시덤불과 엉겅퀴를 내지 않는다면? 밭의 채소나 과일을 가꾸지 않아도 풍성해진다면?

그렇다면 지금 경험하는 대부분의 문제는 염려거리가 되지 못할 것이다. 결국 죽음이 문제다. 평안을 빼앗는 주범인 죽음과 그 결과들이 문제다. 죽음의 문제를 해결해야 불안도 해결되고, 진정한 평안도 찾아온다.

이제 '어떻게 해야 평안해지는가?'라는 질문을 이렇게 바꿔 볼 수 있다.

'죽음의 문제를 어떻게 해결할 수 있는가?'

죽음은 어디서 왔을까?

죽음은 숙명이다. 누구도 피할 수 없다. 하지만 성경에는 죽음의 문제를 해결하는 한 가지 길에 대한 선언과 설명이 기록되어있다. 그중 한 구절만 살펴보자.

> 예수를 죽은 자 가운데서 살리신 이의 영이 너희 안에 거하시면 그리스도 예수를 죽은 자 가운데서 살리신 이가 너희 안에 거하시는 그의 영으로 말미암아 너희 죽을 몸도 살리시리라 **롬 8:11**

이 구절은 죽을 몸을 살리시는 하나님의 생명력을 말씀한다. 마지막 부분에 보면 "너희 죽을 몸"이라고 하셨다. 그런데 원래는 죽을 몸이 아니었다. 처음에 인류는 죽음 없는 삶을 하나님과 함께 누리던 몸이었다.

모든 것이 그렇듯, 죽음에도 시작점이 있었다. 원인이 있었다. 아버지는 사고로 돌아가셨고, 할아버지는 병으로 돌아가셨고, 증조할아버지는 자연사하셨고… 이런 식으로 거슬러 올라가 보면 최초의 죽음이 성경에 등장한다.

죽음은 하나님을 떠났을 때 시작되었다. 최초의 죽음은 인간이 하나님 말씀에 불순종하고 반역했을 때 탄생했다.

하나님은 이 최초의 죽음을 다음과 같이 언급하셨다.

선악을 알게 하는 나무의 열매는 먹지 말라 네가 먹는 날에는 반드시 죽으리라 창 2:17

아담이 이 말씀을 어겼을 때, 죽음이 발동되었다. 아담은 그로부터 930세가 될 때까지 죽음을 향해 살아가야 했다. 아담뿐만이 아니었다. 온 세상에 죽음이 시작되었다.

아담은 피조 세계를 대표했고, 그에게 죽음이 시작되자 피조 세계 전체에 죽음이 깃들었다(창 3:17-19). 평안이 사라져 버렸다.

인류는 어떻게 평안을 잃었는가?

태초에 하나님이 말씀으로 온 세상을 지으셨다(창 1:1-31).

죄로 죽음이 들어오기 전까지의 세계는 창조 질서가 가득했다. 창조주께서 다스리셨고, 최초의 사람 아담은 '하나님의 대리통치자'로서 지상을 통치했다. 그에게 하나님이 주신 임무이자 사명이었다. 그로부터 인류는 아담의 뒤를 이어 같은 직무를 수행할 계급, 하나님의 동역자 위치에 놓였다.

아담에게 주어진 업무의 핵심은 하나님 말씀에 순종하는 것이었다. 하나님은 그에게 피조 세계를 경작하며 지키는 일을 명령하셨고 아담은 순종했다(창 2:15). 이때까지만 해도 위계 질서가 분명했고, 온 세계가 아담과 함께 하나님과 교제하는 위치에서 평안했다.

그러던 어느 날, 질서가 깨졌다. 아담이 하나님의 말씀을 어겼다. 하나님과의 관계를 깨뜨렸다. 평안을 부쉈다. 하나님과 세상 사이에 죄의 장벽을 세웠다. 그 후로 죄 엔트로피(혼돈)는 증가했다.

온 세계가 평안을 바라며 신음했지만, 하나님과 관계를 회복할 방법도, 평안을 되찾아올 사람도 없었다. 누구도 죄와 죽음의 장벽을 스스로 넘어 하나님께로 갈 수 없는 불안한 세계가 되어버렸다. 질서가 무질서로, 평안은 불안과 염려와 공포로 바뀌었다. 죄는 더욱 기승을 부렸고 죽음의 문제를 심화시켰다. 희망도 구원도 없이, 죽음의 그림자가 드리운 세상에서 인간은 인생을 허무하게 여겼다. 그분이 오시기 전까지는.

참된 평안은 하나님과 사람 사이에 죄가 없을 때 이뤄진다. 문제는 모든 인간이 죄인이라는 사실이다(롬 3:10). 아담의 반역 이후 인간은 거룩의 능력을 상실했고, 평안 없이 무능했다. 죄를 이기는 능력은커녕 죄를 반복할 능력만 있었다.

개가 그 토한 것을 도로 먹는 것같이 미련한 자는 그 미련한 것을 거듭 행하느니라 잠 26:11

기록된 바 의인은 없나니 하나도 없으며 깨닫는 자도 없고 하나님을 찾는 자도 없고 다 치우쳐 함께 무익하게 되고 선을 행하는 자는 없나니 하나도 없도다 롬 3:10-12

죄와 죽음의 문제를 해결할 능력이 인간을 비롯한 피조 세계에는 없었다. 피조 세계 외부에서 더 큰 능력이 임해야만 문제를 해결할 수 있었다.

구약 시대의 성경 신봉자들은 성경을 통해 이 사실을 알고 있었다. 하나님이 개입하셔서 죄를 파괴해주셔야만 평안이 회복된다는 것을. 그래서 신앙인들은 하나님의 구원을 호소했다.

시편의 목소리를 들어보자.

내 영혼을 지켜 나를 구원하소서 내가 주께 피하오니 수치를 당하지 않게 하소서 시 25:20

하나님이여 나의 구원의 하나님이여 피 흘린 죄에서 나를 건지소서 내 혀가 주의 의를 높이 노래하리이다 시 51:14

하나님이여 나를 구원하소서 물들이 내 영혼에까지 흘러 들어왔나이다 오직 나는 가난하고 슬프오니 하나님이여 주의 구원으로 나를 높이소서 시 69:1,29

여호와여 구하옵나니 이제 구원하소서 여호와여 우리가 구하옵나니 이제 형통하게 하소서 시 118:25

주는 나의 은신처요 방패시라 내가 주의 말씀을 바라나이다
시 119:114

샬롬의 파괴

평안을 간구했던 그들의 마음에는 다음 그림과 같은 관점이 있었다. 그들은 '샬롬'을 구했는데, 먼저 그 말의 의미를 들여다볼 필요가 있다.

멤: 바브: 라메드: 쉰:
혼돈   연결하다 권위   파괴하다

구약성경에서 평안을 뜻하는 히브리어는 'שׁוֹם'(샬롬)이다. 이 단어는 네 개의 자음으로 이뤄지며, 각각의 의미는 '혼돈'(멤), '연결하다'(바브), '권위'(라메드), '파괴하다'(쉰)이다. 이를 문자적으로 해석하면 '혼돈과 연결된 권위를 파괴한다'라는 뜻이다. 여기서 '권위'는 '죄의 권위'를 말한다.

창조주 하나님께서 우주 만물과 에덴을 만드시고 창조 질서를 세우셨다. 그 질서의 핵심은 상하좌우 관계였다.

인간은 위로 하나님을 모시고 순종하는 신하인 동시에, 그분의 사랑과 관심을 한몸에 받는 자녀였다. 또한 만물의 중심에서 하나님을 대신하여 지상을 다스리는 대리통치자였다. 하나님은 왕이셨고, 인간은 왕의 중책을 맡은 그분의 자녀였다.

하나님은 인간에게 땅을 경작하고 지키게 하셨다(창 2:15). 그러나 인간은 이 질서를 깨뜨리고, 사단과 연합하여 하나님을 대적했다(창 3:4,5, 계 12:9). 그분의 말씀에서 벗어나 죄에게 통치 권세를 팔아넘겼다.

죄는 본래 무능했으나 인간이 죄를 짓자 인격이 되었고 권세를 얻었다. 하나님의 대리통치자로부터 자리를 얻어 아담 이래로 지상에 득세했다. 죄는 곧바로 왕좌를 차지한 신생 왕이자 인간의 새로운 주인이 되었다(요 8:34).

무능·무지·무효

죄의 권세가 모든 걸 파괴했다. 하나님과 인간 사이의 질서를 깨뜨리고 어그러뜨렸다. 질서가 깨진 자리는 혼돈만 남았다. 샬롬이 사라졌다. 그러자 인간은 고통스러웠다. 마치 물 밖으로 나온 물고기가 꺼져가는 생명력을 발하며 마지막 몸부림을 치는 듯했다. 죽음을 향해 치닫는 인생이 되었다.

깨진 평안을 되찾으려면 죄를 이기는 권세가 필요했지만, 죄인은 무능했다. 아무 힘이 없었다. 하나님의 말씀대로 살 때는 그분의 능력이 인간에게 나타났다. 그러나 하나님의 말씀을 어기고 죄를 짓자, 인간은 죽음을 향해 가는 허무한 존재가 되어버리고 말았다.

게다가 무지했다. 하나님과의 관계가 깨지고 나니 보아도 알지 못하고 들어도 깨닫지 못하는 상태가 되었다(마 13:13). 창조주에 대해 더욱 무지한, 들을 귀 없는 자들이 되고 말았다.

무능과 무지에 더해 인간에게 주어진 통치 능력은 무효가 되었다. 죄에게 권세를 넘긴 이래로 인간의 통치 아래 안전하던 세상도 어지러워졌다(롬 8:22,23).

영적 불륜 관계

성경에는 하나님과 우리 사이를 묘사하는 표현이 등장한다. 그중 하나가 '신랑 신부' 관계로, 하나님이 우리의 신랑이시고, 우리는 그분의 신부라는 비유다.

부부 사이에 가장 큰 죄가 있다면, 바로 간음이다. 하나님은 간음을 미워하신다. 질투하시는 하나님은 우상숭배를 가장 싫어하신다.

인간은 하나님을 떠날 때 이유 없이 떠나지 않는다. 하나님보다 더 섬기는 것, 더 사랑하는 것을 향해 떠나간다. 그러니 '죄'란 영적 내연 관계가 있는 상태, 곧 영적 불륜의 대상을 고집하는 것과도 같다.

육적 부부 사이에서는 불륜 관계를 어느 정도 숨길 수 있을지 모르지만, 신랑 되신 하나님 앞에서 영적인 불륜 관계는 조금도 숨길 수 없다. 하나님은 중심을 보시며 모든 것을 아시기 때문이다. 만약 아내나 남편에게 불륜 사실을 들키면 부부 사이는 처참히 깨질 것이다(잠 6:32-35). 마찬가지로 영적 간음죄는 하나님과 인간 사이를 깨뜨린다.

영생하는 존재였던 인간이 하나님을 떠나는 영적 간음죄를 짓자 죽음이 시작되었다. 그 결과 이제 누구도 죽음을 피할 수 없으며, 살아있음이 곧 죽음을 향한 전진이 되었다.

우리의 영적 근원이신 하나님을 떠나서는 생명이 없다. 육체의 죽음뿐이 아니다. 죄인에게 한 번 죽는 것은 정해진 일이고 그 이후에는 심판이 있다고 하셨다(히 9:27). 즉 하나님을 떠난 인간은 영적으로도 죽은 상태가 된다. 살아있어도 살아있지 않은 것 같은 상태로 살게 된다.

누군가와 원수를 맺어본 일이 있는가? 만약 원수가 가까운 곳에 존재한다면 마음이 편치 않을 것이다. 하물며 죄는 하나님과 나 사이를 원수지간으로 만들어버린다(골 1:21). 창조주와 원수지간이 되는 걸 상상해본 적이 있는가?

그분은 동네 놀이터의 꼬마가 아니다. 온 우주의 최강 권력자시다. 이보다 더 무서운 일이 있을까. 내 인생이 언제 어디서 어떻게 끝장나도 전혀 이상하지 않은 상황이다. 평안은 사라지고, 불안과 두려움이 밀려와 두 발 뻗고 잠들지도 못한다. 창조주와 원수지간으로 살아가는 것은 언제 닥칠지 모를 심판에 전전긍긍하는 두렵고도 허무한 삶이다.

그리스도, 사랑의 능력

그런데 다행히도 하나님은 평안이 깨진 상태를 그대로 놔두지 않으셨다. 능력이 많으신 창조주께서 죄 아래 있는 인간을 직접 '속량'하사 구원을 실행하셨다(시 107:2, 골 1:14).

죄인을 하나님의 심판으로부터 건져낼 구원자, 그리스도를 보내서서 인간의 죗값을 치르게 하셨고, 평안을 회복하셨다(엡 1:7, 2:14). 다시 화목하게 하셨다.

> 곧 우리가 원수 되었을 때에 그의 아들의 죽으심으로 말미암아 하나님과 화목하게 되었은즉 화목하게 된 자로서는 더욱 그의 살아나심으로 말미암아 구원을 받을 것이니라 **롬 5:10**

'샬롬'이란 단어의 뜻이 그대로 이루어졌다. 그리스도를 주 셔서 '혼돈과 연결된 권위'인 죄의 권세를 끝장내셨다. 그것은 하나님의 사랑의 능력이었고, 그 능력은 죄의 권세보다 훨씬 강했다.

> 사랑은 여기 있으니 우리가 하나님을 사랑한 것이 아니요 하나 님이 우리를 사랑하사 우리 죄를 속하기 위하여 화목제물로 그 아들을 보내셨음이라 **요일 4:10**

예수님이 곧 샬롬이자 그에 이르는 길이 되셨다(요 14:6). 샬 롬을 잃은 어떤 죄인이라도 그 길로 가면 평안을 되찾게 하셨 다. 하나님과 사람 사이의 막힌 담을 허무는 샬롬의 능력을 인 류에게 주셨다.

당신은 이 사실을 믿는가? 그리스도께서 당신의 죄를 짊어지고 십자가에서 죽으셨다는 것을. 만일 믿고 회개한다면, 당신은 그리스도 안에 있는 것으로 간주되고 새로운 존재로 변화된다(롬 8:1-6).

그런즉 누구든지 그리스도 안에 있으면 새로운 피조물이라 이전 것은 지나갔으니 보라 새것이 되었도다 **고후 5:17**

샬롬을 되찾는 길

어떤 문제든 원인을 정확히 알면 해결할 수 있다. 불안의 원인은 죄이며, 죄 문제는 예수님만이 해결하실 수 있다. 회개하고, 그분을 믿고 따를 때 평안이 주어진다.

이것은 억지로 만들어낸 심리적 평안이 아니다. 하나님과 나 사이를 가로막는 죄의 권세를 파괴하는, 아주 실제적이고 능력 있는 평안이다.

자녀들은 혈과 육에 속하였으매 그도 또한 같은 모양으로 혈과 육을 함께 지니심은 죽음을 통하여 죽음의 세력을 잡은 자 곧 마귀를 멸하시며 또 죽기를 무서워하므로 한평생 매어 종노릇하는 모든 자들을 놓아주려 하심이니 **히 2:14,15**

죄의 결과는 죽음이다(롬 6:23). 예수님은 인간의 죗값을 자신의 죽음으로 모두 지불하셨다(롬 3:24). 이것이 복음이다. 누구든지 이 복음을 믿음으로 받아들이면 죄의 빚을 청산할 수 있다. 예수님이 구원자이심을 믿을 때 평안이 회복된다.

샬롬, 본연의 평안을 되찾아 누릴 수 있다.

그의 십자가의 피로 화평을 이루사 만물 곧 땅에 있는 것들이나 하늘에 있는 것들이 그로 말미암아 자기와 화목하게 되기를 기뻐하심이라 골 1:20

평안을 위한 기도

평강의 주님, 미래에 대한 불안으로
평안을 잃은 저를 불쌍히 여겨주소서.
이 시간 제게 오셔서 위로와 평안을 부어주소서.
주변을 돌아보면, 제 인생 안팎에
문제가 너무 많은 것 같습니다.
현실을 볼 때, 어둡고 차갑고
고통스러운 일투성이입니다.
제 힘으로는 원인도 찾을 수 없는
문제들에 휩싸여 마음이 고통스럽습니다.
미래는 생각하기도 싫을 만큼 두렵습니다.
만약 오늘이 반복되어 미래가 만들어진다면,
문제가 커질 것 같고, 정말 큰일 날 것 같습니다.
세상의 구원자로 이 땅에 오신 주님,
주님을 믿사오니 제 모든 현실 문제에서 구원해주옵소서.
이리 재고 저리 재봐도 돌파구가 없는
상황으로부터 건져주옵소서.
회피할 수도, 부정할 수도 없는
미래에 대한 불안감으로부터 살려주옵소서.
염려로 가득한 제 마음을 새롭게 해주옵소서.

죽음도 이기는 평안을 제 안에 채워주옵소서.

제 죄가 만들어낸 영향력을 모두 초월하는 권세와

새로운 샬롬의 질서를 세워주옵소서.

샬롬을 누리지 못하게 하는

제 무능과 무지와 무효한 시도들을

성령의 소멸하는 불로 불태워 제거해주옵소서.

저를 깨끗게 하시고, 샬롬으로 채워주옵소서.

영적 불륜 상태로부터 건져내실 뿐 아니라

혼돈과 연결된 권위를 파괴해주시는

예수님의 이름으로 기도합니다, 아멘.

chapter
03

제게 "샬롬"이라고
말씀해주시겠어요?

어느 집에 들어가든지 먼저 말하되
이 집이 평안할지어다 하라

눅 10:5

신실한 청년의 이상한 질문

서른한 살 여름, 나는 유학 첫 학기를 시작했다. 장소는 미국 동부 작은 동네의 신학교였는데, 거기서 종일 책 읽고 수업을 듣고 글도 썼다.

수업은 교수가 강의 후 질문을 던져주면 대화나 글로 학우들과 토론하는 식으로 진행되었다. 거기서 나는 매일 같은 사람들을 만나 함께 공부했다.

같은 과정을 밟는 학우들은 모두 스무 명쯤 되었다. 인종도 다양했고 나이도 다 달랐다. 아침마다 강의실로 걸어 들어가면 그들과 인사를 나누는 것이 일상이었다.

그중에서도 특히 가깝게 지내던 친구가 있었는데, 그의 이름은 '아담'(Adam)이었다. 아니다, '애덤'이었다. 아니… '애럼'인가…?

애덤은 나보다 일곱 살 어렸다. 텍사스에서 상경하여 밤에는 피자 배달을, 방학 때는 지역교회 사역을 하던 그는 신실하고 부지런한 청년이었다.

게다가 열정적이었다. 하루도 빠짐없이 새벽에 기도했고, 동네 뒷산인 블랙 마운틴 중턱에서 매월 마지막 주 금요일 밤에 산기도도 했다. 그는 전도도 열심이었는데, 주말마다 그 동네의 가장 큰 쇼핑몰에 가서 한 명씩 붙들고 복음을 전했다.

우리는 거의 종일 붙어 다녔다. 하루는 애덤이 내게 물었다.

"Did you have breakfast?"

밥은 먹었어?

아침 식사를 했냐는 질문은 상황과 맞지 않았다. 오전 수업 직전이었고, 그 클래스는 세 시간짜리였다. 맥락이 없었다.

'난 안 먹긴 했는데, 지금 먹자는 뜻인가?'

나는 의아해서 되물었다.

"No, didn't… Why?"

애덤은 그저 씩 웃고 아침밥에 대해서는 더 말이 없었다. 나는 싱거운 녀석이라고 생각했다.

다음 날, 학교에서 만나자마자 또 같은 질문을 했다. 나는 별생각 없이 같은 대답을 했다. 그런데 그다음 날도 또 그다음 날도 질문을 반복했다.

나는 궁금해서 애덤을 붙들고 왜 자꾸 아침밥을 먹었는지 물어보느냐고 물었다. 그러자 그가 설명을 시작했다. 한국인 친구인 나를 위해 한국 인사말을 '리서치'했단다. 그리고 한국어로 "식사하셨어요?"라고 묻는 것이 인사말이라는 사실을 발견했단다. 흔치 않은 인사말이 기억에 남았던 애덤은 나름 나를 생각해서 자꾸 물었던 거였다.

설명 끝에 애덤이 환하게 웃으며 또 질문했다. 나름 한국인을 향한 애정을 표현한다고 생각하면서.

"Did you have your meal?"

애덤의 말에 나는 한참을 웃었다. 그리고 "만약 한국식 인사를 내게 건네고 싶다면 한국어로 해줘"라고 덧붙였다.

참고로 애덤은 아직도 한국말 인사를 영어로 직역해서 전하는 게 왜 웃긴 일인지 이해를 못 하고 있다.

안녕하셨어요?

그러고 보니 나라마다 인사말이 서로 다르다. 우리나라는 주로 "안녕하세요?"라고 인사한다. 말의 의미를 들여다보면 '안녕'은 '무탈하다'라는 뜻이다.

문득 궁금해진다. 왜 우리는 서로 무탈한지 물어보는 인사말이 생긴 걸까? 대부분의 나라에서는 주로 현재의 환경을 언급하는 인사말이 보편적이다. "좋은 아침입니다!", "좋은 날입니다!"처럼 날씨를 다루는 것이 가장 흔하다. 그런데 유독 우리나라는 '탈이 없었는지'를 묻는다(내가 이 말을 영어로 직역해서 애덤에게 건넸다면 그도 틀림없이 웃었을 것이다).

만약 내가 누군가를 아침에 만나서 "안녕하셨습니까?"라고 인사한다면 그건 밤새 무탈했는지, 별일 없었는지를 묻는 것이다. 왜일까? 이 질문이 인사말로 자리 잡기까지 어떤 역사적 배경이 있었던 걸까?

한반도 역사를 크게 오천 년이라고 말한다. 역사 기록에 의하면 그동안 외세의 침입 횟수만 삼천 번이 넘는다. 지정학적 위치의 문제인지, 공격하기에 만만해 보이는 무언가가 있었는지…. 나는 역사학자가 아니라서 그 이유는 모르겠다. 하지만 우리 민족이 세계사적 유래를 찾아볼 수 없을 정도로 숱한 침략과 전쟁을 경험한 것은 사실이다.

혹시 "안녕하세요?"라는 인사말이 이처럼 누적된 침략의 역사로 인해 생겨난 게 아닐까? 우리 민족은 조상 대대로 불안을 경험했다. 어느 날 자고 일어났더니 밤사이 전쟁이 나있고, 아랫마을은 쑥대밭이 되었고, 하루아침에 피난민 신세가 되는 상황을 반복적으로 경험한 민족이었다. 그러면서 서로 무탈한지 묻다 보니 아예 인사말로 굳어졌는지도 모른다.

생각해보라. 하룻밤 사이 왜놈들의 침략으로 난리가 났다면? 날 밝고 서로 만나서 이렇게 물어볼 수밖에 없었을 것이다.

"밤새 별일 없으셨어요?"

"가족들은 다 무사하지요?"

또 얼마 뒤에는 자고 일어났더니 떼놈들의 침략으로 난리가 났다면? 다시 묻지 않았을까?

"어이쿠, 또 난리가 났군요! 밤새 무탈하셨어요?"

그런 식으로 전쟁 때마다 한 번씩만 물어도, 최소 삼천 번 이상은 대대로 물어본 질문 '무탈하셨냐'가 어느새 통상적인 인사말 "안녕하세요?"로 자리 잡았는지도 모른다.

이쯤 되니, 각 나라의 인사말에 어떤 역사적 맥락이 있는지 궁금하다. 혹시 성경 시대 이스라엘 백성들은 서로 뭐라고 인사했을까?

자네, 하나님과 화목한가?

그들은 서로 "샬롬"이라고 인사했다. 이 말의 사전적 의미는 앞서 살펴보았듯이 '혼돈과 연결된 권위를 파괴한다'라는 뜻이다. 이것을 하나님과 동행했던 구약 역사의 맥락을 반영해서 의역해보자면, '하나님과 당신 사이에 죄로 막힌 담이 다 파괴되기를 원합니다'라는 뜻이 된다.

샬롬에는 성경 역사의 맥락이 담겨있다. 구약 백성들은 하나님과 관계를 회복하는 것이 오랜 숙제였다. 하나님은 늘 먼저 손을 내미셨다. 자신을 목자, 왕, 주인, 신랑 등으로 소개하며 그들에게 다가가셨다. 그러나 죄인들은 달라질 기미가 보이지 않았다. 끊임없이 우상숭배와 불순종으로 일관하며 고집스럽게 하나님의 말씀을 거부했다.

이스라엘 백성들은 이미 출애굽 광야 시대에 하나님과 맹약했던 신민이었다. 순종 시 축복을 받고, 불순종 시 저주를 받기로 약속한 사람들이었다(신 27:1-28:68).

그들의 문제는 '지속 순종'이 아닌 '간헐적 순종'에 있었다. 그 결과 구약 백성들과 하나님 사이는 좀처럼 좁혀지지 않았고, 사람들은 오랜 시간 서로의 안부를 다음과 같이 물었다.

"자네, 이번에는 순종했는가? 그래서 축복을 받았는가? 하나님과의 관계는 화목한가?"

그리고 이런 맥락이 한 단어에 담기게 되었다.

"샬롬!"

● 축복의 인사

앞서 애덤이 리서치한 한국식 인사 "식사하셨습니까?"를 다시 떠올려보자. 한국인에게 그것은 축복의 인사말이다. 크고 작은 전쟁을 수없이 치르는 가운데 식사는 축복이었다.

전쟁통에 모든 것이 파괴되고, 오갈 데 없어진 사람들은 굶어야 했다. 서로 인사를 나눌 정도의 관계인 사람들은 서로 축복할 때 밥을 먹기를 빌었다. 이런 식의 맥락이 구약의 인사말 "샬롬"에도 들어있었다.

사람들은 서로 축복할 때, 가장 필요하고 가장 바라는 것을 빌어주었다. 그것은 다름 아닌 '하나님과의 관계 회복'이었다. 창조주시고 모든 축복의 근원이신 하나님, 그분과 화목하면 다 가진 것이고, 그분을 잃으면 다 잃는 것이다. 그래서 하나님을 아는 백성들은 상대에게 샬롬을 빌어주었다. 축복했다.

● 구원의 인사

또한 샬롬에는 "구원받으세요"라는 의미도 있었다. 그들이 서로 샬롬이라고 말하는 이면에는 하나님께 구원을 호소하는 역사적 맥락이 고스란히 담겨있었다.

첫 사람 아담부터 시작해서 족장, 사사, 왕, 백성들 모두가 하나님의 구원을 고대했다. 로마서는 이스라엘뿐 아니라 전 세계가 하나님의 구원을 간절히 기다려왔음을 이렇게 설명한다.

그 바라는 것은 피조물도 썩어짐의 종노릇한 데서 해방되어 하나님의 자녀들의 영광의 자유에 이르는 것이니라 피조물이 다 이제까지 함께 탄식하며 함께 고통을 겪고 있는 것을 우리가 아느니라 그뿐 아니라 또한 우리 곧 성령의 처음 익은 열매를 받은 우리까지도 속으로 탄식하여 양자 될 것 곧 우리 몸의 속량을 기다리느니라 **롬 8:21-23**

이 말씀에 의하면, 인간만이 구원을 기다리는 것이 아니다. 모든 피조물이 인간의 타락과 함께 샬롬을 잃고 고통 가운데 빠졌으며, 온 세계가 구원을 간절히 기다리고 있다. 예컨대 목마른 사람에게는 물 한 모금도 생명수이듯, 구원에 목마른 사람에게는 샬롬이 절실하다.

샬롬은 꿈이고 비전이다. 하나님과 죄인들 사이에 죄의 문제가 전혀 없는 상태인 샬롬. 이것은 구원의 결과로만 얻을 수 있다. 그러니 "샬롬"이라는 인사말에 '당신이 구원받기를 원합니다'라는 기원이 담겨있는 것이다.

천국이 가까이 왔다는 선포

마태복음 10장에서 예수님은 제자들을 둘씩 짝지어 파송하셨다. 아직 성령이 강림하시기 전이었고, 제자들은 무지했으며 무능했다. 그때 예수님은 제자들에게 '권능'을 허락해주셨다(마 10:1). 그러니 사역은 그들의 이력이 될 수 없었다. 임무도 능력도 예수님의 것이었고, 제자들은 잠시 통로가 될 뿐이었다.

당시 구약 백성들은 '하나님의 나라'를 기다렸다. 그 나라가 임하면 하나님이 직접 왕으로서 통치하실 것을 믿었다. 그들에게 현재의 나라는 죄의 권세 아래 있었기에 기존의 권세를 물리칠 더 큰 권세, 곧 하나님나라의 권세가 침노해오기를, 그래서 죄의 세력이 끝장나기를 간절히 바랐다.

예수님은 제자들에게 구약 백성이 가장 원하는 것의 실현을 선포하게 하셨다.

가면서 전파하여 말하되 천국이 가까이 왔다 하고 **마 10:7**

예수님의 명령은 엄청난 것이었다. 다른 것도 아니고 천국이라니, 하나님의 나라라니. 차라리 귀신을 내쫓거나 질병을 고치는 권세라면 제자들이 한 번쯤 시도해볼 만했다. 하지만 하나님나라가 도래했다는 선포는 인간으로서 할 수 없었다. 오직 하나님만 하실 수 있었다.

그런데 예수께서 하셨다. 심지어 제자들에게 권능을 주시며 명령하셨다.

그 나라가 오면 일어나는 일

원류(源流)는 예수님이셨다. 그분이 진짜 능력자셨다. 제자들은 대언자에 불과했다.

구원을 대망하던 사람들의 눈앞에 등장한 제자들과 그들이 보여준 예수님의 말과 능력은 놀라웠다. 죄의 권세가 항복하는 것을 제자들뿐 아니라 함께 갔던 칠십 인도 목격했다(눅 10:17).

예수님은 제자들에게 더욱 직접적으로 하나님나라가 임한 결과를 전하게 하셨다. 다음 명령과 같았다.

또 그 집에 들어가면서 평안하기를 빌라 마 10:12

파송을 받은 제자들은 집집마다 축복을 선언했다.

"샬롬!"

이 짧은 인사에 놀라운 의미가 함축되어 있었다.

"샬롬! 하나님과 당신 사이의 막힌 담이 다 허물어지기를 원합니다!"

"샬롬! 당신이 가장 원할 뿐 아니라 조상 대대로 가장 바라던 구원이 이제 실현되었습니다!"

"샬롬! 드디어 구원자가 오셨습니다!"

당신에게도 이 축복의 인사를 건네며 묻고 싶다.

"샬롬! 하나님과 당신 사이는 화목한가요?"

"샬롬! 회개함으로 모든 죄를 소멸하시는 그리스도의 능력이 당신 안에 충만히 거하고 계십니까?"

"샬롬! 주님의 소원은 당신의 샬롬인데, 당신은 이것을 아십니까? 그리고 받으셨습니까?"

평안을 위한 기도

하나님 아버지, 감사합니다.

샬롬을 필요로 했던 죄인들의 역사가

겹겹이 쌓여 오늘날까지 내려왔습니다.

그동안 저는 주변 크리스천들로부터

축복의 말을 수없이 들어왔고,

저도 많은 이에게 축복의 기도를 해주었습니다.

그러나 종종 잊고 살았습니다.

이미 제게 주신 샬롬이 있다는 사실도,

믿음의 형제자매와 샬롬의 축복을 주고받았던 일들도

까맣게 잊어버릴 때가 많았습니다.

주님, 가장 중요한 것을 가장 쉽게 잊어버리는

제 무지와 연약함을 불쌍히 여겨주옵소서.

알면서도 누리지 못하는 제 믿음 없음을 도와주옵소서.

삶의 현장에서 평안이 깨지는 순간마다

다시 "샬롬"으로 저를 일깨워 주옵소서.

또한 저도 샬롬을 잃어버린 사람에게

"샬롬"의 축복을 건네는 평안의 전달자가 되게 하옵소서.

평강을 받았으니 이제 믿음으로 누리게 하옵소서!

믿음은 예수님의 말씀을 들을 때 생긴다고 하셨습니다.

말씀대로 성경을 펼쳐 들고 기도하오니

매일 말씀 앞에 거하게 하시고,

읽은 말씀을 성령 하나님께서 깨닫게 해주시고,

깨달은 말씀대로 실천하고 순종하도록 이끌어주소서.

평안을 너무 쉽게, 자주 잃어버리는 저를

불쌍히 여겨주시고 새롭게 하소서.

주님의 피 묻은 손으로 안수하시고 위로해주소서.

제게 "샬롬"이라고 축복의 안부를 건네시는

주님의 음성을 매일 듣게 하소서.

샬롬에 담긴 축복과 구원과 하나님의 뜻을

날마다 새롭게 깨닫게 하소서.

샬롬의 말씀으로 매일 축복해주시는

예수님의 이름으로 기도합니다, 아멘.

나의 기대가 아닌
말씀을 따르는 샬롬

박물관과 놀이동산

주말은 늘 긴장된다. 왜냐면 유치원생 둘째 딸을 기쁘게 해주는 게 아내와 나의 임무이기 때문이다. 일주일간 쌓인 피로 따위는 뒷전이다. 딸은 "아빠! 놀아줘!"를 반복하고, 나는 기쁘게 응한다. 그녀는 내 사랑이고 인생의 목적이자 거의 전부니 요청을 들어주는 게 당연하다.

그런데 한번은 오해가 있었다. 그것은 "박물관에 가자"라는 내 제안에서 시작되었다. 딸에게 '박물관'이라는 말은 생소했고, 그보다 '놀이동산'이 더 익숙했다. 딸이 가고 싶은 곳이기도 했다. 그래서인지 '인지 오해'(認知誤解)가 있었다.

그날 우리는 주말 교통 체증을 뚫고 박물관에 도착했다. 한 시간쯤 걸렸는데, 가는 내내 딸은 기대감에 부풀어 있었다. 그러나 박물관에 도착한 후 기대만큼이나 실망도 컸다.

나는 분명히 '박물관'이라고 말했건만, 딸은 '놀이동산'으로 알아들었다. 귀로 들리는 말이 아니라, 마음으로 기대한 걸 들은 것이다. 박물관에서 딸의 기대는 산산조각이 났고 평안도 사라졌다.

말씀을 벗어난 기대감

성경에서 예수님과 제자들 사이에도 비슷한 일이 종종 있었다. 예수님의 말씀을 저마다 자기가 생각하고 싶은 대로 받아들인 일들. 진실을 듣기는 했지만, 개인적 기대감에 부풀어 곡해했던 일들. 그래서 평안을 잃고 불안해했던 일들.

그중 하나가 마태복음 10장에 나온다. 한번은 예수님이 평안에 대해 말씀하셨다.

> 내가 세상에 화평을 주러 온 줄로 생각하지 말라 화평이 아니요 검을 주러 왔노라 마 10:34

예수님은 분명 "화평"(샬롬)을 우리에게 주러 오셨다. 그러나 제자들은 예수님이 주시는 샬롬을 받을 수 없었다. 이유는 그들이 기대하는 샬롬이 예수님이 주시는 것과 달랐기 때문이다. 그들이 원했던 샬롬은 예수님이 주시고자 하는 것보다 훨씬 개인적이고 국가적이었다. 이들의 기대감에는 역사적 배경이 있었다.

이스라엘은 오랫동안 불안했다. 자신들보다 강한 열방과 늘 전쟁을 해왔다. 출발점을 생각해보면, 국가가 탄생하던 출애굽 때부터였다. 그들은 하나님'만' 의지해야 하는 상황의 연속이 불편했다. 하나님이 아닌 것들을 의지하며 살고 싶었다.

전쟁을 반복 경험하며 이스라엘은 자신들의 입맛에 맞는 평안, 정치적 평안을 원했다. 열강들의 압박과 종교적 폭압, 내부 갈등으로부터 자유하길 갈망했다.

처음에는 하나님이 보여주신 진정한 샬롬이 이뤄지는 듯했다. 하나님의 말씀을 있는 그대로 따르기로 모두 동의하던 시절도 있었다(수 23:6). 그러나 어느 날부턴가 잘못된 기대감이 진실을 덮어버렸다. 말씀의 샬롬이 눈앞에 있었지만, 이스라엘은 보지 못했다.

그런 구약 백성들에게 예수님은 '잘못된 샬롬'을 걷어 내라고 요구하셨다. 만약 예수님과 다른 기대를 내려놓지 않는다면 '하나님이 주신 샬롬'은 그들에게 불화를 일으키는 검이 될 뿐이었다. 평생 간직해온 '자기식 샬롬'을 고집한다면 '예수님이 제시한 샬롬'은 이뤄지지 않을 것이었다.

샬롬이 없는 현상의 뿌리는 하나님과 깨어진 관계에 있었다. 이스라엘은 우선 그 관계 회복에 힘써야 했다. 전쟁도 질병도 재해도 마찬가지였다. 문제의 '현상'보다 그 '원인'을 해결하기 위해 말씀대로 힘쓰고 순종하면 되었다.

하지만 이스라엘은 원인보다 현상에 집중했다. 그들은 하나님과 멀어진 죄의 문제를 해결하기보다, 그 결과로 나타난 각종 고통스러운 일들에 초점을 맞췄다. 나무에 비유하자면, 썩은 뿌리는 보지 않고 썩은 열매만 본 것이다.

그리고 자신이 원하는 방식으로 해결하려 했다. 무력으로 뒤집어엎든지, 종교 행위로 일시적 위안을 얻든지. 그들은 죄의 문제를 해결하며 하나님만 믿고 따르는 신정 국가를 세우고 싶지 않았다. 전쟁을 빨리 끝내고 자기 기대에 맞는 하나님나라를 건설하고 싶었다. 주변 열방을 정치적으로 정복하고, 여러 민족을 노예로 삼아 그 위에 군림하는 시대가 도래하길 기대했다.

당시에 하나님의 말씀이 없었던 게 아니었다. 하나님은 수많은 선지자를 보내서 그들의 귀에 항상 말씀을 들려주셨다. 하지만 이스라엘 백성은 말씀에서 벗어난 기대감만 키워나갔다. 겉으로 드러나는 고통스러운 현상에 대한 참된 해결책인 하나님의 말씀은 거부했다.

결국 이스라엘은 자신의 기대에 어긋났던 말씀 전파자들을 모조리 박해했고 잡아 죽이기까지 했다(눅 20:9-15).

샬롬의 왕, 예수

그럼에도 하나님은 신실하셨다. 끊임없이 진실을 말씀해주셨다. '샬롬'을 약속하신 분께서 그것을 이루기까지 직접 일하셨다. 그리고 말씀하신 대로 이루셨다. 원인 제거를 통한 문제 해결로 죄인들을 안내하셨다. 다음 말씀대로였다.

> 이르되 찬송하리로다 주의 이름으로 오시는 왕이여 하늘에는 평화요 가장 높은 곳에는 영광이로다 하니 눅 19:38

예수님을 샬롬의 왕으로 보내셨다. 그분을 통하면 죄의 문제가 해결되고, 하나님과 죄인 사이에 평안의 관계가 주어졌다. 사실 이스라엘이 잘못된 기대감만 포기했어도 당장 누릴 수 있는 평안이었다.

진실은 불변한다. 예수님이 바로 진실이시다. 그분은 죄인들의 기대감을 충족시키기 위함이 아닌 하나님의 뜻을 실행하려 이 땅에 오셨다. 죄인들을 대속하기 위해 죽고 부활하셨다. 우리에게 가장 필요한 '샬롬'을 주셨다.

성경은 우리에게 반면교사의 역할을 한다. 구약 역사를 보면 구약 백성들의 실패가 보인다. 그래서 우리가 직접 저지르지 않은 실패로부터 배움을 얻는다. 이를테면 다음과 같다.

진실, 곧 예수님에게 귀를 기울일 것. 현상의 이면을 볼 것. 나의 기대감이 아닌 예수님이 주시는 평안을 받아들일 것. 예수님의 말씀이 내 입맛에 맞든 안 맞든 재지 말 것. 오직 성경에 기록된 예수님을 있는 그대로 보기 위해 노력할 것.

평안의 시작점

예수님 이후 '샬롬'은 항존했다. 불안의 문제는 환경이 아니라 예수님을 발견치 못하는 눈에 그 원인이 있다. 그러므로 샬롬을 누리려면 눈을 떠야 한다. 예수님을 예수님으로 볼 줄 알아야 한다.

이를 위해서는 그분의 말씀을 아는 것이 필수다. 성경 66권은 모두 예수님에 대한 말씀이다. 이를 읽고 묵상하고 연구하고 가르치며, 내 것으로 만들어야 한다. 내 샬롬이 달린 일이니 내가 직접 해야 한다.

평안이 없는가? 그렇다면 지금 당신에게는 성경이 필요하다. 평안을 잃게 만드는 모든 상황을 초월한 성경 읽기와 묵상이 꼭 필요하다. 이때 주의할 점이 있다. 자기 생각과 자기만의 기준, 예수님이 이러저러하셔야 한다는 기대감으로부터 벗어나야 한다. 내가 말씀을 평가하는 게 아니라 말씀이 나를 평가하시도록 하라. 말씀 위가 아닌 말씀 아래 머물러야 한다.

거기서 평안이 시작된다.

책을 마치며

집필을 마치는데 무릎이 차다. 고개를 들어보니 비가 온다. 이 비가 그치면 곧 겨울이 올 것이다. 충분히 예측 가능한 미래다. 그래서 난 겨울이 두렵지 않다. 이렇듯 알면 평안하다.

미래가 불안한 이유는 몰라서다. 앞으로 내게 어떤 일이 닥칠지 모를수록 평안이 빠져나간다. 그렇기에 크리스천은 평안하다. 자신과 세상의 끝날을 알고 있기 때문이다. 평안의 왕, 예수님은 우리에게 종말에 관한 지식도 주셨다.

이 천국 복음이 모든 민족에게 증언되기 위하여 온 세상에 전파되리니 그제야 끝이 오리라 마 24:14

성경은 인간의 죽음 이후와 세상의 종말에 대해 말씀한다. 우리는 읽었고, 들었고, 알고 있다. 그래서 두렵지 않다. 미래를 내다보는 눈이 현재를 어떻게 바라볼지를 결정한다. 이 관점으로 크고 작은 일들을 해결해나가면 평안하다.

크리스천의 인생에 평안은 이미 와있다. 창조주 하나님이 허락하신 샬롬의 길로 걸으며, 끝을 알고 하루씩 대비하는 삶. 그럼에도 우리는 자주 평안을 잊고 산다. 그러니 서로 잊지 말라고 격려하자. 주어진 평안으로 안부를 묻자.

이제 나도 그리스도의 이름으로
그대에게 인사해야겠다.

샬롬!

불안에서 평안으로

초판 1쇄 발행   2022년 11월 4일

지은이   송준기

펴낸이   여진구
책임편집   김아진 정아혜
편집   이영주 정선경 최현수 안수경 김도연
책임디자인   마영애 | 노지현 조은혜 이하은
홍보·외서   진효지
마케팅   김상순 강성민 허병용   마케팅지원   최영배 정나영
제작   조영석 정도봉   경영지원   김혜경 김경희 이지수

303비전성경암송학교   박정숙 최경식
이슬비전도학교 / 303비전성경암송학교 / 303비전꿈나무장학회

펴낸곳   규장

주소 06770 서울시 서초구 매헌로 16길 20(양재2동) 규장선교센터
전화 02)578-0003   팩스 02)578-7332
이메일 kyujang0691@gmail.com   홈페이지 www.kyujang.com
페이스북 facebook.com/kyujangbook   인스타그램 instagram.com/kyujang_com
카카오스토리 story.kakao.com/kyujangbook
등록일 1978.8.14. 제1-22

책값   뒤표지에 있습니다.
ISBN 979-11-6504-383-4 03230

규 | 장 | 수 | 칙

1. 기도로 기획하고 기도로 제작한다.
2. 오직 그리스도의 성품을 사모하는 독자가 원하고 필요로 하는 책만을 출판한다.
3. 한 활자 한 문장에 온 정성을 쏟는다.
4. 성실과 정확을 생명으로 삼고 일한다.
5. 긍정적이며 적극적인 신앙과 신행일치에의 안내자의 사명을 다한다.
6. 충고와 조언을 항상 감사로 경청한다.
7. 지상목표는 문서선교에 있다.

하나님을 사랑하는 자 곧 그의 뜻대로 부르심을 입은 자들에게는 모든 것이 合力하여 善을 이루느니라(롬 8:28)

규장은 문서를 통해 복음전파와 신앙교육에 주력하는 국제적 출판사들의 협의체인 복음주의출판협회(E.C.P.A:Evangelical Christian Publishers Association)의 출판정신에 동참하는 회원(Associate Member)입니다.